Frauen · Gesellschaft · Kritik

Band 38

Frauen und Militarismus

Zum Zusammenhang patriarchaler und militaristischer Gesellschaftsstrukturen anhand der Medienberichterstattung des Nato-Angriffskrieges in Südosteuropa

Rosi Krenn

Centaurus Verlag & Media UG
2003

Zur Autorin: *Rosi Krenn*, geb. 1967, studierte Kommunikationswissenschaften und Erziehungswissenschaft. Sie ist als Sozialpädagogin tätig und hat bereits mehrere Artikel in Fachzeitschriften der Friedensbewegung veröffentlicht.

Die Deutsche Bibliothek – CIP-Einheitsaufnahme

Bibliographische Information der Deutschen Bibliothek
Die Deutsche Bibliothek verzeichnet diese Publikation in der
Deutschen Nationalbibliographie; detaillierte bibliographische Daten
sind im Internet über http://dnb.ddb.de abrufbar.

ISBN 978-3-8255-0376-5   ISBN 978-3-86226-826-9 (eBook)
DOI 10.1007/978-3-86226-826-9

ISSN 0939-4540

Alle Rechte, insbesondere das Recht der Vervielfältigung und Verbreitung sowie der Übersetzung, vorbehalten. Kein Teil des Werkes darf in irgendeiner Form (durch Fotokopie, Mikrofilm oder ein anderes Verfahren) ohne schriftliche Genehmigung des Verlages reproduziert oder unter Verwendung elektronischer Systeme verarbeitet, vervielfältigt oder verbreitet werden.

© *CENTAURUS Verlags-GmbH & Co. KG, Herbolzheim 2003*

Satz: Vorlage der Autorin
Umschlaggestaltung: Antje Walter, Hinterzarten

Danke für die finanzielle Unterstützungen

Grüne Bildungswerkstatt Salzburg

Renner Institut (RI) *Renner*Institut

Büro für Frauenfragen des Landes *Land* Salzburg

Inhaltsverzeichnis

Vorwort 7

Theoretischer Teil 11

1. Wissenschaftstheoretische Grundlegung 11
1.1. Feministische Forschung 11
1.2. Friedensforschung 12
1.3. Feministische Friedensforschung 14

2. Gewaltdiskurs 16
2.1. Patriarchat als Form struktureller Gewalt 17
2.2. Patriarchat als Form kultureller Gewalt 18
2.3. Patriarchat als Form direkter Gewalt 19

3. Staat und Krieg 20
3.1. Entwicklung des Krieges 21
3.2. Staatenbildung und Grundlegung internationaler Politik 23
3.3. Nationalstaatskonzeption und Militarisierung der Gesellschaft 24
    3.3.1. Dimensionen der Staatskonzeption 25
    3.3.2. Zivilisationsentwicklung 27
    3.3.3. Dimensionen der Wahrnehmung von Wirklichkeiten 27
    3.3.4. Symbole der Staaten 28
3.4. Sozialisationsmechanismen des Staates 29
3.5. Staat und Militarismus 29
    3.5.1. Staat und Militär 30
    3.5.2. Funktionsweisen von Armeen 31
    3.5.3. Rüstungsindustrie und Waffenhandel 32

4. Krieg, Militär und Geschlechterverhältnis 33
4.1. Krieg, Geschlechterverhältnis, Privateigentum 34
4.2. Religionen – Verdrängung der Frau 35
    4.2.1. Christentum und Krieg 36
4.3. Militär, Geschlechterverhältnis und Nationalstaatlichkeit 36
    4.3.1. Militärdienst und Bürgerrechte 37
4.4. Geschlechterverhältnis und Militär 38
    4.4.1. Männerbund Militär 40
    4.4.2. Zurichtung des Mannes zum Krieger 41
    4.4.3. Kulturbilder – Körperbilder 44

4.5. sexuelle Gewalt gegen Frauen 45
    4.5.1. sexuelle Gewalt in Zeiten negativen Friedens 45
    4.5.2. sexuelle Gewalt im Krieg 46
    4.5.3. Funktionen von sexueller Gewalt im Krieg 46
    4.5.4. Umgang mit Opfern sexueller Gewalt 48
    4.5.5. Prostitution, Militärbordelle und Frauenhandel 48
4.6. Zuarbeit von Frauen zum Krieg 49
    4.6.1. Einbindung der Frauen in den verschiedenen Militärs 49
    4.6.2. Soldatinnen 52
    4.6.3 Frauen in Kampftruppen 52
4.7. Feministische Gegenpositionen 53
    4.7.1. Feminismus – Pazifismus - Debatte 54
    4.7.2. Frauenfriedensbewegungen 55

5. Medien und Krieg 59
5.1. strukturelle Rahmenbedingungen der Kriegsberichterstattung 60
    5.1.1. Strukturelle Militarisierbarkeit der Medien 60
5.2. Medien, Krieg und Militär 61
    5.2.1. Mythen der Kriegsberichterstattung 64
5.3. Kriegsordnung der Medien 64
    5.3.1. journalistisches Objektivitätskriterium 66
5.4. Kriegslegitimation durch Medien 67
5.5. Sprache als Kriegsmittel 68
5.6. Public Relations im Dienste des Krieges 69
5.7. Medien, Geschlechterverhältnis und Kriegsberichterstattung 70
    5.7.1. Darstellung der Frau als Opfer 71
    5.7.2. Greuelberichterstattung und Geschlecht 71
5.8. journalistische Ethik 72
5.9. Bedingungen für eine Friedensberichterstattung 73

Exkurs: Gesamtjugoslawische Entwicklung 75

6. Geschichte Südosteuropas bis zum 20. Jahrhunderts 75
6.1. Abstammungsmythen und Nationenbildung 76
6.2. Entwicklungsgeschichte Südosteuropas im 20. Jahrhundert 78
    6.2.1. Titoismus 79
6.3. Der Zerfallsprozess des Vielvölkerstaates Jugoslawien 80
    6.3.1. ökonomische Krise 80
    6.3.2. Die Bürgerkriege 81
    6.3.3. Rolle der Nato und USA 84
6.4. Krisenkommunikation zu den Bürgerkriegen im ehemaligen Jugoslawien 86

6.4.1. Krisenkommunikation im Krieg um Kroatien 86
6.4.2. Krisenkommunikation im Krieg um Bosnien-Herzegowina 87
6.4.3. Rolle der westlichen Medien 88

7. Krieg in Südosteuropa 1999 90

7.1. Daten zu Kosov@ 91
7.2. Historische Grundlegung 91
    7.2.1. Herkunft und Sprache der Albanerinnen und Albaner 91
    7.2.2. Historische Grundlagen des serbischen Anspruchs auf Kosov@ 92
    7.2.3. Kirchliche Einflußsphären 92
    7.2.4. Entstehung des Nationalstaates Albanien 93
7.3. Konfliktentwicklung um die serbische Provinz Kosov@ 94
    7.3.1. Gesellschaftspolitische Struktur 95
    7.3.2. Gewaltfreier Widerstand im Kosov@ 96
    7.3.3. Der kosov@-albanische Befreiungskampf 97
7.4. Nato-Angriffskrieg gegen Jugoslawien 97
    7.4.1. Vorgeschichte des Nato-Luftkrieges 98
    7.4.2. Kriegsverlauf 101
    7.4.3. Kriegsleid 102
    7.4.4. Die Nato-Waffen 104
    7.4.5. Kriegslegitimation 105
7.5. Beendigung des Luftkrieges 106
7.6. Geopolitische Strategien und internationale Interessenslagen 107
    7.6.1. Neue Ausrichtung der Nato 109
    7.6.2. Ökonomische Auswirkungen des Krieges in Südosteuropa 110
    7.6.3. Stabilitätspakt für Südosteuropa 112
7.7. Kriegsberichterstattung 112
    7.7.1. Nato-Luftkrieg gegen Jugoslawien: Der erste Internetkrieg 112
    7.7.2. Die Kriegssprache der Medien im Nato-Luftkrieg gegen Jugoslawien 113

Empirischer Teil 115

8. Geschlechterverhältnis und Kriegsberichterstattung 115

8.1. quantitativer Teil: 116
    8.1.1. Forschungsfrage 116
    8.1.2. Festlegung des Analysematerials 116
    8.1.3. Analysezeitraum 117
    8.1.4. Begriffsklärungen 117
8.2. qualitativer Teil: 117
    8.2.1. Forschungsfragen 117
    8.2.2. Festlegung des Analysematerials 117
    8.2.3. Phasen der Analyse 118
8.3. Diskussion der Ergebnisse 118
    8.3.1. politische Akteurinnen 119
    8.3.2. Anti-Kriegs-Akteurinnen 120

8.3.3. Militärische Akteurinnen 121
8.3.4. Journalistische Akteurinnen 121
8.3.5. Akteurinnen im Kulturbereich 121
8.3.6. wissenschaftliche Akteurinnen 122
8.3.7. Helferinnen 122
8.3.8. Opferberichterstattung 123

9. Zusammenfassung und Ausblick 125

Literaturvereichnis 129

Vorwort

Meine Motivation, mich mit dem Thema Frauen und Militarismus auseinanderzusetzen, resultiert aus meinem persönlichen friedenspolitischen Interesse. Friedensforschung verbindet wie die feministische Forschung mit ihrer wissenschaftlichen Ausrichtung eine politische Wertorientierung, will bewegen, Basis für Verbesserungs- und Veränderungsmöglichkeiten schaffen. In der vorliegenden Arbeit habe ich mich mit dem Nato-Angriffskrieg in Südosteuropa 1999 unter frauenspezifischem Blickwinkel beschäftigt, die zugrundeliegende Hypothese bezieht sich darauf, dass Kriege patriarchale Beziehungen patriarchaler machen, die Friedensinitiative ‚women in black', die aufgrund ihrer Proteste gegen den Krieg Verfolgungen ausgesetzt war, postulierte anlässlich der Nato-Bombardements: „Krieg macht gesellschaftliche und private Beziehungen patriarchaler und legitimiert Militarismus." Diesen Zusammenhang wissenschaftlich zu untermauern, stellt die Ausgangsbasis für diese Arbeit dar.

Im theoretischen Teil habe ich zunächst eine wissenschaftstheoretische Grundlegung der Arbeit vorgenommen, dabei habe ich mich auf feministische Forschung bzw. kommunikationswissenschaftliche Geschlechterforschung, Friedensforschung und feministische Friedensforschung bezogen.

Ausgehend davon, dass Kriegen gewalttätige Gesellschaftsstrukturen in Zeiten negativen Friedens zugrunde liegen, habe ich mich zunächst im Rahmen des Gewaltdiskurses auf das Gewaltmodell von Johan Galtung unter geschlechtsspezifischem Blickwinkel bezogen, um jene Strukturen und Mechanismen, die die gesellschaftliche Positionierung von Frauen und die kulturellen Implikationen von Weiblichkeits- und Männlichkeitsbildern bedingen, offenzulegen.

Daraufhin habe ich mit der Frage der Entwicklung von Kriegen beschäftigt, mit der Frage, warum Kriege heute noch geführt werden, trotz des menschlichen Leides, das sie verursachen, dabei kann von Kriegen erst im Zusammenhang mit Staatlichkeit gesprochen werden, Staat und Krieg bedingen sich gegenseitig.

Den Schwerpunkt des theoretischen Teiles bildet die Frage, wie Krieg und Militär in Zusammenhang mit dem Geschlechterverhältnis stehen, bzw. wie militaristische und patriarchale Gesellschaftsstrukturen einander bedingen, bedeutsam war es dabei für mich, auf feministische Gegenpositionen und auf Handlungsfelder von Frauenfriedensbewegungen einzugehen.

Krieg und Medien sind vielfach miteinander verwoben und stehen in Zusammenhang mit dem Geschlechterverhältnis, neben der Frage, unter welchen Bedingungen Medien, Politik, Krieg und folglich Kriegsberichterstattung unter frauenspezifischen Blickwinkel ineinander verzahnt sind, habe ich mich auch mit der Frage der journalistischen Ethik und den Möglichkeiten von Friedensberichterstattung beschäftigt.

Der Nato-Angriffskrieg 1999 in Südosteuropa hatte vielfältige Ursachen, war von internationalen geopolitischen und geostrategischen Interessenslagen getragen, um mich der Auseinandersetzung mit diesem Luftkrieg zu nähern habe ich zunächst versucht, die Entwicklung im gesamtjugoslawischen Kontext knapp zu skizzieren, die krisenhafte Entwicklung in der ehemaligen Provinz Kosov@ hatte sich schon lange angekündigt, im Dayton-Vertrag war die offene Frage um den Status der Provinz Kosov@ ausgeklammert worden, mit Beendigung des Krieges 1999 hatten u.a. die Entwicklungen in Mazedonien keine internationale Beachtung gefunden.

Ausgehend davon, dass es einen Zusammenhang zwischen Krieg, Militär, Nationalstaatlichkeit und Geschlechterverhältnis gibt, bin ich im empirischen Teil der Frage nach der Bedeutung der Kategorie Geschlecht im massenmedialen System im Rahmen der Kriegsberichterstattung nachgegangen, dabei habe ich zunächst, um mir einen Gesamtüberblick zu verschaffen, erhoben, wie groß der Anteil von Frauenberichterstattung in der gesamten Kriegsberichterstattung ist, im qualitativen Teil der Inhaltsanalyse standen folgende Forschungsfragen im Vordergrund: Welche vom Krieg betroffene Frauen im Kosov@-Konflikt kommen – anhand ausgewählter Printmedien – in der österreichischen Medienberichterstattung vor? Wie kommen die vom Krieg betroffenen Frauen im Kosov@-Konflikt in der österreichischen Medienberichterstattung vor? Welche Dimensionen von Betroffenheit werden thematisiert? Welche Dimensionen des Verhältnisses Frauen – Militarismus werden im Kosov@-Konflikt thematisiert? Aufgrund dieser Schwerpunktsetzung blieben andere Aspekte unberücksichtigt, etwa die Frage nach dem Stellenwert frauenspezifischer Positionen im friedenspolitischen Diskurs insgesamt, die Frage der Berücksichtigung frauenspezifischer Inhalte in den ‚Friedensmedien' sowie allgemein in der alternativen Medienlandschaft, oder die Frage nach der Geschichte der Kriegsberichterstatterinnen.

Danken und Gedanken: Danken möchte ich in erster Linie meinem Diplomarbeitsbetreuer Univ.-Prof. Dr. Hans-Heinz Fabris, für die ganze Unterstützung, die ich erhalten habe, all jenen Lehrenden, die mein Studium begleitet haben, dankbar bin ich auch für ein Klima der Offenheit und Solidarität, sowohl auf der GesWi als auch am Institut für Erziehungswissenschaften, das es mir ermöglicht hat, meine Kinder mitzunehmen, Kinder sind nicht immer sehr leise, sie fühlten sich dennoch aufgenommen und haben meine Studienzeit in so guter Erinnerung, dass sie häufig danach fragen, wann wir denn endlich wieder auf die Uni gehen. Wesentliche Impulse habe ich durch die Arbeit im Friedensreferat an der ÖH erhalten, meine ganze politische Arbeit war und ist ein wesentlicher Teil des Studiums, sowohl inhaltlich als auch in den zeitlichen Dimensionen. Meine Gedanken gelten jenen Menschen, die nicht nur in diesem Krieg, sondern in allen Kriegen ihres Lebens oder ihrer Lebensentwürfe beraubt werden, das Leid der Menschen lässt sich nicht in Worten erfassen, unsere Verantwortung liegt m.E. in der bestmöglichen Unterstützung, meine Solidarität gilt vor allem jenen Menschen, die sich konkret für Frieden einsetzen, ungeachtet dessen, welchen Repressionen sie ausgesetzt sind, meine persönliche Verantwortung sehe ich darin, Bedingungen zu schaffen, die den Krieg unmöglich machen.

Theoretischer Teil

1. Wissenschaftstheoretische Grundlegung

Die vorliegende Arbeit ist im Rahmen der Kommunikationswissenschaften im Bereich feministischer Friedensforschung ein Beitrag zum Zweig der empirischen Friedensstudien. Ihre Entstehung und ihre Weiterentwicklung verdanken die modernen Massenmedien zu einem guten Teil dem Militär und Krieg, dies gilt „... in beachtlichem Umfang auch für die Medien- und Kommunikationswissenschaften. Jedenfalls für die Vergangenheit." (Fabris, Hans Heinz: 1991, 44) „Eine Disziplin, die als ihren Hauptgegenstand ‚Kommunikation' im Titel hat, die Kommunikation als verständigungsorientiertes soziales Handeln ernstnehmen würde, müsste die Friedensthematik, die Entwicklung einer Friedenskultur, geradezu zu ihrer zentralen Frage machen." (ebenda: 48) Für die Militarisierung von Gesellschaft und damit bedingt für die Militarisierung unter geschlechtsspezifischen Gesichtspunkten spielen die Massenmedien eine große Rolle. „Zu verdeutlichen, das und wie Medien Geschlechtervorstellungen konstruieren, und aufzuzeigen, wie diese Konstruktionen für die Unterstützung von Kriegen verwendet werden, dies kann eine Aufgabe einer friedensorientierten Kommunikationswissenschaft sein." (Pater, Monika: 1993, 108)

1.1. Feministische Forschung

Den Bezugspunkt zur kommunikationswissenschaftlichen Geschlechterforschung stellt die Frage nach der Bedeutung der Kategorie Geschlecht im massenmedialen System im Rahmen der Kriegsberichterstattung dar. „Geschlecht ist eine der Grundkategorien menschlicher Identitätsbildung und für die Auseinandersetzung mit der sozialen und materiellen Umwelt grundlegend." (Klaus, Elisabeth: 1998, 287) „Unabhängig davon, wie ‚Ich bin eine Frau' gefüllt wird, spricht es zugleich aus: ‚Ich bin kein Mann'. Diese Relation ist nicht gleichwertig, sondern hierarchisch geordnet." (ebenda: 388) Das Geschlechterverhältnis ist ein Herrschaftsverhältnis, das tief in die Kultur eingegraben ist, diese Erkenntnis, die den Beginn feministischer Frauenforschung und Wissenschaftskritik markiert, hat ihre Gültigkeit nicht verloren. „Frau – das bezeichnet eine historische, kulturelle und politische Erscheinung, deren Sinn sich nur aus der Analyse des jeweils wirkenden Geschlechterverhältnisses erschließt. ... Der Mythos Frau existiert weiter, während sich die Art und Weise, in der er bedeutet wird, in ständigem Wandel befindet, also der Begriff Frau mit vielfältigen, sich verändernden und im historischen Rückblick häufig konfus erscheinenden Assoziationen und Verknüpfungen belegt wird. ... Die Massenmedien haben an diesem Prozess als vorrangiges Zeichenmedium und als Mythengeber der Gesellschaft einen wichtigen Anteil. Durch eine Vielzahl grammatikalischer und visueller Zeichen entwerfen sie die Frau, definieren und begrenzen, was es heißt, Frau zu sein." (ebenda: 17f) Geschlechterforschung verweist darauf, dass wir Geschlecht tun und ausüben, Menschen im Denken und Handeln Geschlecht schaffen. „Geschlecht verweist deshalb nicht nur auf die soziale Ordnung, sondern auch auf die kulturellen Formen, in denen sich Denkprozesse und Handlungsweisen verfestigt haben." (ebenda: 49) Die Kategorie Geschlecht wirkt auf drei Ebenen, als Klassifikation weist sie Individuen einen bestimmten gesellschaftlichen Status zu, als Strukturkategorie dient sie zum Beschreiben, Definieren und Kategorisieren alltagsweltlicher Phänomene und als Ideologie gibt sie ein Modell für die Strukturierung von Denkprozessen. Ausgehend von Geschlecht Massenmedien zu betrachten, heißt für die empirische Kommunikationsforschung zu untersuchen wie sich Minderbewertung der Frau, Andersartigkeit der Lebensäußerungen von Männern und Frauen und die Konstruierbarkeit der vielschichtigen Kategorie Geschlecht in den Massenmedien und im Journalismus ausdrücken. (vgl. ebenda) Die Untersuchung der Frage, wie Frauen in der Kriegsberichterstattung dargestellt werden, soll hierzu einen Beitrag leisten, verbunden mit dem Anspruch, Alternativen und Veränderungsmöglichkeiten anzudiskutieren, ausgehend von der grundlegenden These, dass Kriege patriarchale Beziehungen patriarchaler machen. Die Philosophin Herlinde Pauer-Studer nennt als grundsätzliche Postulate für eine feministische Ethik, dass die Diskriminierung der Frau moralisch falsch ist, eine Moraltheorie die moralischen Erfahrungen von Frauen gleichermaßen wie jene von Männern berücksichtigen muss, wobei die gesellschaftliche Ausgangslage von Frauen und Männer nicht nicht gleiche ist. (vgl. Schmölzer, Hilde: 1996, 288f)

1.2. Friedensforschung

„Für die Gegenwart kann freilich nur spekuliert werden, wie viele Kommunikationswissenschafter international an Universitäten, in Regierungsstellen, in Militärakademien, in den verschiedenen Sektoren des militärisch-industriellen Komplexes – in dem bekanntlich rund 50-60 Prozent aller Forscher tätig sind – an entsprechenden Forschungsprojekten arbeiten." (Fabris, Hans-Heinz: 1991, 44) „Die Hauptaufgabe der Friedensforschung ist die Abschaffung des Krieges, während es im allgemeinen um die Verringerung der Gewalt geht. Die Abschaffung der Sklaverei, die Abschaffung des Kolonialismus waren Aufgaben von derselben Größenordnung." (Galtung, Johan: 1990, 26) Die wesentlichen Fragen dabei sind, unter welchen Möglichkeiten, mit welchen Waffen und Legitimationen sind Kriege noch führbar, welche Bedingungen und

Konfliktregelungen sind erforderlich um Kriege zu vermeiden, gibt es einen Zeitplan, Phasen für die Abschaffung des Krieges, damit verknüpft ist die Frage nach den Feind- und Freundbildern. „Solange es Menschen gibt, wird es Konflikte geben. Aber die Konfliktregelung könnten wir verbessern. Darum geht es, wenn man den Krieg gerne abschaffen möchte." (ebenda: 28) Der zentrale Begriff ist jener des Friedens. Während negativer Frieden die Abwesenheit aller Formen von Gewalt bezeichnet, ist die Typologie des positiven Friedens wesentlich komplexer. „Direkter positiver Frieden bestünde in verbaler und physischer Freundlichkeit, gut für Körper, Psyche und Geist des Selbst wie des Anderen, und beträfe alle Grundbedürfnisse: Überleben, Wohlbefinden, Freiheit und Identität. Dessen Inbegriff ist Liebe, eine Vereinigung von Körper, Psyche, Geist des Menschen. Der strukturelle positive Frieden würde Repression durch Freiheit und Ausbeutung durch Gerechtigkeit/Billigkeit ersetzen und dies dann durch Dialog statt Penetration, Integration statt Segmentieren, Solidarität statt Fragmentierung und Partizipation statt Marginalisierung stützen ... Kultureller positiver Frieden würde die Legitimierung von Gewalt durch die Legitimierung von Frieden ersetzen, in Religion, Recht und Ideologie, in Sprache, Kunst und Wissenschaft, in Schulen, Universitäten und Medien, und dadurch positive Friedenskultur aufbauen. ... Es gibt jedenfalls für den Frieden keine Grenzen, ebenso wenig aber auch für die Gewalt." (Galtung, Johan: 1998, 67) Friedensforschung basiert auf der Vieldeutigkeit des Begriffs Frieden: negativer Frieden bezeichnet Prozesse der Gewaltreduktion, positiver Frieden Prozesse der Verbesserung der Lebensbedingungen. „Frieden bedeutet die Abwesenheit/die Reduktion jeglicher Gewalt. Frieden ist gewaltfreie und kreative Konflikttransformation. ... Die erste Definition ist gewaltorientiert und Frieden meint die Negation von Gewalt. Die zweite Definition ist konfliktorientiert und Frieden bezeichnet hier jenen Rahmen, in dem Konflikte sich gewaltlos und kreativ entfalten können. ... Beide Definitionen richten ihr Augenmerk auf Menschen in einem gesellschaftlichen Zusammenhang. Daher gehört die Friedensforschung zu den ... angewandten Sozialwissenschaften, mit einer expliziten Wertorientierung." (ebenda: 31) „Friedensarbeit ist die Arbeit, Gewalt mit friedlichen Mitteln zu reduzieren. Friedensforschung nennt man die Untersuchung der Bedingungen von Friedensarbeit." (ebenda: 31) Demnach ist die Welt für die Friedensforschung nicht neutral. „Wir leben in einer militarisierten Welt, in der man dazu neigt, direkte Gewalt einzusetzen, gestärkt durch die strukturelle und kulturelle Gewalt von institutionalisierten militärischen, bürokratischen, korporativen und Intelligenzia-Komplexen sowie von stark verinnerlichten militaristischen Ideologien." (ebenda: 62) Friedensforschung frägt nach den Ursachen und Wirkungen von Gewalt und Ursachen und Wirkungen von Frieden unter Berücksichtigung der Räume Natur, Person, Soziales, Welt, Kultur, Zeit, in ihrer Unterscheidung in intra- und intersystemisch. (vgl. ebenda: 64)

Friedensforschung impliziert die Friedenstheorie, die den wissenschaftstheoretischen Grundriss und zentrale Paradigmen erarbeitet und damit Wege zu friedlicheren Verhältnissen bahnt, die Konflikttheorie, die auf der zerstörerisch-schöpferischen Doppelnatur des Konflikts fußt und Wege zu Konflikttransformationen und gewaltfreier Konfliktinterventionen eröffnet, die Entwicklungstheorie, die Formen struktureller Gewalt erforscht und Prinzipien eines anderen Entwicklungsverständnisses sowie Perspektiven einer gerechteren und nachhaltigen Wirtschaftstheorie entwirft sowie die Zivilisationstheorie, die sich mit kultureller Gewalt, insbesonders deren tiefenkulturellen Implikationen auseinandersetzt. (vgl. ebenda: 7f) Der Wert Frieden ist für die Friedensforschung maßgeblich. „Ein Wert ist ... ein Maßstab, der die jeweils möglichen Situationen in erwünschte und abzulehnende aufteilt, dabei aber auch die dritte Kategorie des Indifferenten/Unentschiedenen in Betracht zieht." (ebenda: 39) Studien allein können direkte Gewalt nicht stoppen, Gewaltstrukturen nicht demontieren, und keinen direkten, strukturellen oder kulturellen Frieden schaffen. „Dies können aber Leute mit den entsprechenden Fähigkeiten, und diese Fähigkeiten sind: ‚Gewußt-wie' + schöpferische Phantasie + Mitgefühl + Beharrlichkeit." (ebenda: 72) Erich Fromm hat die Theorie des Friedens als eine Theorie des Menschen definiert, als eine dynamische Theorie des Wirkens von sichtbaren und noch nicht manifesten Kräften die im Menschen und der Gesellschaft wirken, und hier die Rolle der Aggressivität hervorgehoben, da diese oft als Hauptgrund für die Unvermeidlichkeit des Krieges genannt wird. Es gilt verschiedene Formen von Aggressivität zu unterscheiden, u.a. die ‚Organisationsaggressivität' meint „ ... den Menschen, der zerstört, weil er gehorcht und nur das tut, was man ihm sagt, und der ebenso zerstört wie er aufbaut, wenn der die entsprechenden Befehle bekommt." (Fromm, Erich: 1985, 139f) Als weitere Form wird die reaktive Aggressivität genannt, die dann aktiviert wird, wenn die vitalen Lebensinteressen des Menschen berührt sind, zu denen neben der unmittelbaren die antizipierten Gefahren und vor allem Symbole und Werte gehören, Ideologien, Staatssouveränität, Nation, Religion etc., deren Bedrohung menschliche Aggressivität mobilisiert, die Abhängigkeit des Menschen von diesen Faktoren, die das Resultat der bisherigen auf Gewalt beruhenden Gesellschaftsstrukturen darstellen bedingen aggressive Handlungen. Friedensstrategie und Friedenshandeln impliziert demnach die Entmystifizierung der Symbole, die Deeskalation von Hass und Gewalt ermöglicht. (vgl. ebenda: 141ff)

1.3. Feministische Friedensforschung

Im Bereich der feministischen Friedensforschung waren die Arbeiten zum Verhältnis von Militär und Geschlecht von Astrid Albrecht-Heide prägend. Sie verknüpfte den historischen Befund, dass die Entstehung des Nationalstaates wie die Aufstellung nationaler Massenarmeen ausschließlich männliche Unternehmungen waren, mit patriarchatstheoretischen Aspekten. (vgl. Seifert, Ruth: 1999, 50f) „Die Etablierung eines nationalstaatlichen Militärs gilt ihr als direkter Ausdruck patriarchaler Gewaltverhältnisse bzw. als Radikalisierung der alltäglichen männlichen Gewalt, die aus der historisch begründeten Herrschaft des Mannes über die Frau hervorgeht und sich nicht grundlegend von dieser unterscheidet ... Das bedeutet, dass eine logische Trennung zwischen männlicher Alltagsgewalt und militärischer Gewalt nicht möglich ist. Der zentrale gesellschaftliche Zweck des nationalstaatlichen Militärs liegt, so Albrecht-Heide, nicht in dessen erklärten Zielsetzungen wie der Landesverteidigung, sondern in der Aufrechterhaltung eines Machtverhältnisses zwischen den Geschlechtern bzw. in der Absicherung einer hegemonialen, weißen Männlichkeit." (ebenda: 52) Ursachen und Gründe sind bei Albrecht-Heide tiefenpsychologisch angelegt, in einer machttheoretischen Begründung, d.h. der tiefere Entstehungskontext für das Militär liegt im Zweck der Aufrechterhaltung patriarchaler Herrschaft, wobei im Zusammenhang männlicher Identitätsbildung und militärischer Organisation zentrales Kriterium eine tiefe Unsicherheit und das Bestreben diese zu kompensieren darstellt, dabei stellt das Militär den Rahmen institutioneller Kompensation von Unsicherheitsgefühlen zur Verfügung, daraus resultiert die Positionierung der Frau zum Militär als Fremde, Ausgebeutete und Kolonisierte. (vgl. ebenda: 52f) Die Verknüpfung der Entwicklungsgeschichte von Männlichkeit und Weiblichkeit mit Nationalstaat und nationaler Identität fundierte die deutsche theoretische Diskussion, die These, dass Armeen nicht nur Nationalstaaten verteidigen sondern auch hegemoniale Männlichkeit pflegen, ist empirisch belegt. „Dafür sprechen die von Armeen gepflegten ... psychosexuellen Ideologien, die sexuelle Minderheiten und alle Frauen diskriminieren." (ebenda: 53) „Die Bedeutung des Machismo in militärischen Organisationen wird auch von Militärhistorikern auf der Grundlage historischer Untersuchungen angemerkt. ... Selbst in der US-Armee, in der Genderideologien am stärksten unter Beschuss geraten sind, gilt nach wie vor das Homosexualitätsverbot. Heterosexistische Standpunkte werden auch durch Phänomene wie das der Militärprostitution deutlich, die von Armeen z.T. im Umkreis ihrer Stützpunkte organisiert wird. .. Der Ausschluss von Homosexuellen und Frauen sowie die Nutzung weiblicher Körper in der Militärprostitution, zeigt, ... dass sich das Militär nicht nur als nationale Verteidigungsmacht definiert, sondern sich selbst auch als Symbol der heterosexistischen Werte der Nation betrachtet." (ebenda: 1999, 53f)

2. Gewaltdiskurs

*Du Hans du bekommst den Panzer, und du Kai die Kanone
Und nun ihr beiden spielt schön friedlich miteinander. H.D. Gölzenleuchter*

Galtung spricht vom „Mensch/Natur-Ganzen", in dem Menschen frei von direkter und struktureller Gewalt leben, wovon die derzeitige gesellschaftliche Realität weit entfernt ist, und das durch mindestens zehn Bruchlinien durchzogen ist: „Mensch/Nicht-Menschen; Geschlecht (Mann/Frau); Generation (alt/jung); Rasse (weiß/farbig); Klasse (hoch/niedrig); Nation (hoch/niedrig); Länder (Zentrum/Peripherie); und dann die drei Ecken der Staat-Zivilgesellschaft-Kapital-Dreieck, auf gesellschaftlicher wie auch Weltebene. ... Die Begriffe Anthropozentrik, Sexismus (Patriarchat), Altersdiskriminierung (oder Gerontokratie), Rassismus, Klassismus, Nationalismus, Territorialismus, Etatismus, Anarchismus, Kapitalismus und Super-Etatismus (Imperialismus) transportieren ... unmittelbar Konnotationen sowohl zu direkter und struktureller als auch zu kultureller Gewalt." (Galtung, Johan: 1998, 115f)

„Gewalt heißt, jemanden schaden oder ihm Verletzungen zufügen." (ebenda: 17) Gewalt gibt es auf allen Ebenen der Organisation des Lebens, zwischenstaatliche ebenso wie jene zwischen den Geschlechtern und Generationen, ebenso wie innerpersönliche Gewalt. Zu unterscheiden sind direkte – strukturelle – kulturelle – Gewalt. „Direkte Gewalt vermehrt sich durch Rache und offensive Abschreckung: strukturelle Gewalt pflanzt sich fort durch Klonen und Vervollständigung ebenso wie kulturelle Gewalt. Direkte Gewalt kann zum Aufbau struktureller Gewalt eingesetzt werden; strukturelle Gewalt führt zu revolutionärer und konterrevolutionärer direkter Gewalt; und kulturelle Gewalt legitimiert alles Vorgenannte." (ebenda: 68) Direkte Gewalt bezieht sich auf einen Akteur, eine Akteurin, der/die die Folgen von Gewalt beabsichtigt, indirekte oder strukturelle Gewalt entspringt der Sozialstruktur, als Gewalt zwischen Menschen, zwischen Gruppen von Menschen, d.h. Gesellschaften oder zwischen Gruppen von Gesellschaften. Die Hauptformen struktureller Gewalt betreffen Politik und Wirtschaft und bezeichnen Repression und Ausbeutung. Strukturelle Gewalt wird getragen durch kulturelle Gewalt, die eine symbolische Form hat, in Religion, Ideologie, Sprache, Kunst, Wissenschaft, Recht, Medien und Erziehung wirkt und der Rechtfertigung direkter und struktureller Gewalt dient. Wesentlicher Begriff im Gewaltdiskurs ist jener der Macht, der umfassender ist, Macht kann sowohl für Gewalt als auch für den Frieden genutzt werden. Galtung differenziert in vier Arten von Machtdiskursen, in kulturelle, ökonomische, militärische und politische. Während kulturelle Macht Handeln festschreibt durch die Einteilung was richtig und falsch ist, arbeitet wirtschaftliche Macht mit der Zuckerbrot- Methode, militärische mit der Holzhammer- Methode und politische Macht fällt

Entscheidungen. (vgl. ebenda: 17f) Die Diskurse über direkte, strukturelle und politische Gewalt bzw. Frieden einerseits und militärische, ökonomische, politische und kulturelle Macht andererseits sind sich sehr ähnlich, da sich strukturelle Gewalt in zwei Typen, in ökonomische – meint Ausbeutung – und in politische, – meint Repression – Gewalt aufspaltet, verknüpft mit den Faktoren Körper, Geist, Struktur und Kultur sind strukturelle Gewalt bzw. Frieden und kulturelle Gewalt bzw. Frieden existent, wobei die Schnittstelle von Körper und Geist zu direkter Gewalt bzw. zu direktem Frieden führt, bei einer Gewalttat sind Körper als Aggression und Geist als Aggressivität beteiligt, bei Friedenshandeln Körper als Liebe und Geist als Mitgefühl. (vgl. ebenda: 65ff) „Jede Art von Gewalt erzeugt irgendeine Art von Gewalt. Jede Art von Frieden erzeugt irgendeine Art von Frieden. Positiver Frieden ist der beste Schutz gegen Gewalt." (ebenda: 68)

2.1. Patriarchat als Form struktureller Gewalt

Wir produzieren ständig eine vergeschlechtlichte Gesellschaftsstruktur. „In dem Maße, in dem Individuen Gendernormen und –erwartungen ausagieren, konstruieren sie auch geschlechtsspezifische Macht- und Herrschaftssysteme." (Barrett, Frank J.: 1999, 73) „Unsere ... politische Kultur ist ... als patriarchalische Kultur zugleich Kriegskultur deshalb und insofern, als sie vor allem eine – heute staatlich formierte – Gewaltstruktur ist." (Krippendorff, Ekkehart: 1988, 10) „Das Patriarchat kombiniert, wie jede andere zutiefst gewalttätige Sozialstruktur ... direkte, strukturelle und kulturelle Gewalt in einem Teufelsdreieck. Die drei Gewaltformen verstärken sich gegenseitig in Zyklen, die in jeder Ecke beginnen können. Direkte Gewalt, wie Vergewaltigung, schüchtert ein und unterdrückt; strukturelle Gewalt institutionalisiert diese Beziehung, und kulturelle Gewalt führt zu deren Verinnerlichung ... und festigt so die Struktur" (Galtung, Johan: 1998, 82) „Mit der erfolgten Öffnung von Berufen und Institutionen für Frauen ist verbunden, dass Frauen die Konditionen für die verstärkte Einbeziehung in Bereiche des öffentlichen Lebens nicht frei aushandeln können, sich vorgefundenen Strukturen anpassen müssen, die durch Männer geprägt wurden und an der männlichen Lebensweise orientiert sind. Gleichberechtigung verlangt, solchermaßen reduziert, von den Frauen eine einseitige Aneignung von Verhaltensweisen und Kompetenzen, die Männern zugesprochen werden. Mann bleibt Prototyp des Menschen, geschätzte Fähigkeiten und wünschenswerte Eigenschaften werden am Muster der traditionell männlichen Lebensweise gemessen. Frauen, präsentiert als Defizitwesen, müssen sich um in der männlich geprägten Welt zu bestehen neue Fähigkeiten aneignen, während ihre Erfahrungen und Kompetenzen keine Anerkennung finden." (Klaus, Elisabeth: 1998, 32) „Der nach wie vor geltende UNO-Bericht, nach dem Frauen weltweit zwei Drittel der gesamten Arbeit leisten, ein Zehntel des Einkommens beziehen und ein Hundertstel des Weltvermögens besitzen, zeigt mit absoluter Deutlichkeit, in welchem Ausmaß diese patriarchale Gesellschaft auf der Ausbeutung von Frauen, ihrer schlecht bezahlten oder sogar unbezahlten Arbeit und ihrer ganz allgemeinen, globalen Benachteiligung beruht." (Schmölzer, Hilde: 1996, 30) Eine im Rahmen des Mikrozensus 1993 durchgeführte Studie des Statistischen Zentralamtes ergab, dass Frauen bei gleicher Qualifikation um ein Viertel weniger verdienen als Männer, laut Studie des Statistischen Zentralamtes und Bundesministerium für Jugend und Familie 1995 arbeiten die österreichischen Männer rund sieben Stunden pro Tag, davon 70% für Erwerbstätigkeit, Frauen sind um eine dreiviertel Stunde länger beschäftigt und verbringen 69% davon mit unbezahlter Hausarbeit. (vgl. ebenda: 232) „... dass es Frauen in den Industriestaaten ein wenig besser geht, ist hauptsächlich darauf zurückzuführen, dass es uns generell besser geht! ... Die Selbstgefälligkeit, mit der häufig das ‚frauenfreundliche' Klima unserer Breiten betont wird, verschleiert die Tatsache, dass es das westliche, das europäische Patriarchat gewesen ist, das nicht nur durch Unterdrückung und Ausbeutung die Armut der Länder der sogenannten Dritten Welt herbeigeführt, sondern dort auch die letzten Reste matrizentristischer Spuren getilgt hat. Gleichzeitig damit wurde ein zum Teil noch animistisches, naturbezogenes Denken durch ein profitorientiertes, ausbeuterisches und mechanistisches Denksystem ersetzt." (ebenda: 242)

2.2. Patriarchat als Form kultureller Gewalt

Gerda Lerner beschreibt die sozialen Geschlechterrollen als „.... kulturelle Definition von Verhaltensnormen, je nach der Definition dessen, was in einer bestimmten Epoche als das den beiden Geschlechtern jeweils angemessene Verhalten gilt. Weiblichkeit in diesem Sinne ist ein Zusammenhang von kulturellen Rollenzuschreibungen. Das Geschlechtsspezifische ist dann ein Kostüm, eine Maske, eine Zwangsjacke, in der Männer und Frauen sich in ihrem ungleichen Tanz bewegen." (Lerner, Gerda: 1991, 294) Männliche Gewalt gegen Frauen ist ein bevorzugtes Motiv in Literatur, Kunst, Film, Fernsehen und Pornographie, Opfer in Kriminalfilmen sind meist Frauen. „Gewalt ist dem Image vom ‚echten' Mann nicht nur im Krieg, sondern auch in Friedenszeiten zuträglich." (Schmölzer, Hilde: 1996, 231) „Alle wesentlichen Werte, wie Macht, Ehre, Tapferkeit sind männlich konnotiert und männlich repräsentiert, ganz abgesehen davon, dass auch der identitätsschaffende Schöpfergott männlich ist, ebenso wie die nationsstiftenden Helden ... Das, was Weiblichkeit sein soll und darf, das sind in patriarchalen Gesellschaften lediglich Entwürfe und Produkte von Männerphantasien." (Katschnig-Fasch, Elisabeth: 1999, 67) Das ungleiche Verhältnis zwischen Mann und Frau wird durch die Konstruktion der Kultur vorgegeben, schreibt sich in Erziehung und Begegnung der Menschen ein, symbolische Bilder gewinnen dann besondere Kraft, wenn die lebensweltliche Orientierung in Folge ökonomischer, existentieller, politischer oder kriegerischer Auseinandersetzung zusammenbricht. „So unterschiedlich die Bilder und die Mythen zur Dichotomie von Männlichkeit und Weiblichkeit auch sind, ... sie sind wesentlicher Teil des Sozialisierungsprozesses, zentraler Teil der Normen. ... Geschichte und Geschichten, Erzählungen, Lieder und die so tradierte Vorstellungswelt liefern damit immer neue Legitimationen für die Asymetrie der Verhältnisse, die sie selbst schaffen: zwischen den Männern und den Frauen, zwischen den Herrschenden und den zu Beherrschenden, zwischen dem Eigenen und dem Fremden, den Starken und den Schwachen." (ebenda: 1999, 68)

2.3. Patriarchat als Form direkter Gewalt

Direkte Gewalt ist wesentlich ein männliches Phänomen. „Auf allen gesellschaftlichen Ebenen wird massive direkte Gewalt von Männern ausgeübt; in Form von krimineller Gewalt in Familie und Gesellschaft und in Form von politischer Gewalt innerhalb von und zwischen Gesellschaften." (Galtung, Johan: 1998, 83) Zwischen der Frau als Opfer männlicher personaler Gewalt besteht ein „...direktes personenbezogenes Verhältnis von Macht und Ohnmacht, Dominanz und Abhängigkeit ... Opfer sind Objekte, sie sind passiv, abhängig und unfähig zum Handeln und zur Gegenwehr." (Klaus, Elisabeth: 1998, 29) „Allerdings sind Frauen genauso (Mit)Täterinnen, tragen Mitverantwortung am Zustand der Gesellschaft, haben Anteil an Herrschaft und Unterdrückung, und sind zugleich passiv und handelnd, ohnmächtig und machtvoll." (ebenda: 29f)

3. Staat und Krieg

Auf Macht reimt Nacht, auf Ohnmacht reimt immerhin Mondnacht
Zwar nur schlecht doch mit genau soviel Recht, wie die Macht auf ihre dunklere Nacht.

Erich Fried

Der Frage nachzugehen, warum Kriege geführt werden, trotz Hiroshima, warum Armeen unverzichtbares Mittel des Krieges sind, wessen Mittel sie sind, wer oder was geschützt und verteidigt werden soll, führt zum eigentlichen Gegenstand der Kriegsfrage, dem Staat, meint militärisch, d.h. aus Gewalt entstandene und mit monopolisierte Gewalt gesicherte Herrschaft. Militär und Staat, die beiden Zwillingsinstitutionen stehen synonym für Herrschaft und organisierte Gewalttätigkeit. Der Zusammenhang von Staat und Gewalt, von Staat und Militär, Krieg, „ ... hat Methode und vor allem Logik: es ist eine Logik, die sich aus der staatlichen Organisation von Gesellschaft ergibt, die ihrerseits jene politische Form ist, durch die Menschen über Menschen herrschen." (Krippendorff, Ekkehart: 1995, 2) Der Krieg ist integraler Bestandteil der staatlichen Struktur bzw. staatlicher Herrschaft selbst, daher liegt er immer im Bereich des Möglichen, „ ... das Spielen mit Krieg und Militär als Mittel der äußeren Machtpolitik ist bzw. wird, gerade in dem Maße, in dem die ökonomisch und sozial komplexen Industriegesellschaften unregierbar geworden sind, d.h. in dem Maße, in dem auf den Gebieten von Wirtschafts-, Sozial- und Kulturpolitik keine ... Lorbeeren mehr zu ernten sind, zum eigentlichen Betätigungsfeld politischer Eliten vor der Geschichte." (ebenda: 81) Krieg ist somit ein Spiel der Herren untereinander, es geht um Macht, Prestige, Ehre, Glaubwürdigkeit, Bündnistreue, Stolz, Ruhm, Ansehen, daraus speist sich die außenpolitische Strategie internationaler Politik, deren Vokabular an jenes verfeindeter Familien erinnert, wenn einer verstimmt ist oder ermutigt, die kalte Schulter zeigt, oder ein anderer die China-Karte ausspielt, ein anderer versucht zu vermitteln oder Einsicht fordert, oder einer warnt, mahnt, beschuldigt, anklagt, zwei vollstes Einvernehmen bekunden, einer appelliert, einer zurückweist, andere ihre Aussagen unterstreichen, bekräftigen oder drohen etwas abzubrechen, sich nicht einschüchtern lassen, da erwärmt sich das Klima, dort kühlt es ab. Der Zweck des Spiels besteht darin, nicht ausgeschlossen zu werden, Akteur zu bleiben. Dazu brauchen die Akteure das Machtmittel Militär und Krieg. Die Wiederbewaffnung Westdeutschlands geschah gegen den Willen der Bevölkerung, in den Jahren 1949 bis 1952 waren über 70% der Deutschen gegen jedes Soldatwerden, aber die USA hatte den Kurs der deutschen Wiederbewaffnung im Rahmen des Kalten Krieges bereits festgeschrieben, die Volksabstimmung zur Remilitarisierung wurde kurzerhand verboten, Konrad Adenauer formulierte, damit die ‚klassisch nationalstaatliche Herrschaftswahrheit' wieder akzeptabel und zustimmungsfähig gemacht zu haben. (vgl. ebenda: 54ff)

3.1. Entwicklung des Krieges

Von Krieg kann erst im Zusammenhang mit Staatlichkeit gesprochen werden, die historische Anthropologie hat inzwischen bestätigt, dass die Anwendung von Waffengewalt zwischen Menschen nicht mit der Institution Militär oder organisiertem Krieg gleichzusetzen ist, erst der Staat hat die zwischenmenschliche Gewaltanwendung, den Krieg in eine Institution verwandelt, die Staaten sind aus Kriegen hervorgegangen, kriegerische Macht lässt sich bis heute aus dem Wesen des Staates nicht wegdenken. (vgl. Krippendorff, Ekkehart: 1995, 39f) Fast alle nicht-staatlichen Gesellschaften haben Waffen zur Tötung von Artgenossen hergestellt, einige, wie die Inuit kennen keine Waffen, die nur als Waffe gedient haben könnten, es gab religiös eingebettete und streng ritualisierte Formen zwischenmenschlicher Gewaltanwendung, die Unterscheidung zum Krieg liegt darin, dass es kaum Spezialisierung gab, nicht-staatliche Gesellschaften hatten keine abgehobene und ausgebildete Kriegerklasse. Nicht-staatliche Gesellschaften führen keine Kriege, sie haben gesellschaftliche Arbeitsteilung und Spezialisierung, sowohl im Bereich der Produktion/Reproduktion als auch in der politischen Struktur nicht vollzogen, die Gesellschaften funktionieren auf einer persönlichen, gemeinschaftlichen und traditionalen Grundlage im Gegensatz zu staatlichen Gemeinschaften, die auf unpersönlicher, staatlicher und individualisierter Grundlage basieren. (vgl. ebenda: 41ff) Aus der neueren Forschung resultiert, dass unsere menschlichen Vorfahren, deren Spuren sich auf 3-5 Millionen Jahre zurückverfolgen lassen, weitgehend friedlich zusammen lebten. Kriege als Kennzeichen späterer, patriarchalischer Gesellschaften dienten der Sicherung und Vergrößerung ihrer Großreiche. (vgl. Schmölzer, Hilde: 1996, 7f) „Die neuen Forschungsergebnisse ... tragen wesentlich dazu bei, ein geschichtliches Weltbild, in dem der Krieg als der ‚Vater aller Dinge' die Evolution bestimmte, zu revidieren." (ebenda: 7) Die frühen Jäger- und SammlerInnen-Gesellschaften waren matrilinear und matrilokal organisiert, sie waren geprägt durch egalitäre Strukturen, ein Fehlen von Klassen und Hierarchien und weitgehende Gleichberechtigung zwischen den Geschlechtern, Matriarchate dürfte es nie gegeben haben, Gesellschaften, in denen Frauen über Männer geherrscht haben, sind nicht bekannt. Die Kriegsbereitschaft wuchs mit zunehmendem Einfluss des Mannes. (vgl. ebenda: 8ff) „Darauf weisen die matrizentristischen Siedlungen der Mittelmeerländer hin, die unbefestigt waren, als sie von Hirtenvölkern aus dem Norden im zweiten und dritten Jahrtausend vor unserer Zeit überrannt wurden, aber auch die unbefestigten minoischen Städte, in denen kaum Waffen gefunden wurden, und auf deren Fresken sich keine Darstellungen kriegerischer Szenen finden – bis um etwa 1400 vor Christus, als die Invasion der Archäer stattfand. Auch die ersten Schichten von Kisch und Ur in Mesopotamien weisen keine Befestigungsmauern auf und in den frühzeitlichen Dörfern Mittelamerikas zeigen die dort gefundenen menschlichen Skelette keine Spuren, die auf kriegerische Gewalt oder Menschenopfer hindeuten." (ebenda: 11) Das bedeutet, dass patriarchale Gesellschaftsform und Krieg nicht zu allen Zeiten Teile der Menschheitsgeschichte waren und dass es daher auch nicht in alle Zukunft so sein muss. „Auf vielen Ebenen und in vielen Dimensionen sind Krieg und Gewalttätigkeit ... mit der Entfaltung der europäischen Wirtschaft, Gesellschaft und Politik und der späteren europäischen Weltvorherrschaft verflochten." (Krippendorff, Ekkehart: 1995, 240) Die industrielle Revolution hat den Adel entmachtet, was jedoch von der Feudalherrschaft blieb sind die hierarchischen Strukturen, aus Macht wurde Recht, Besitz, politisch legalisierte Herrschaft und vor allem staatliche Macht, „ ... was blieb ist der Krieg als Mittel der Politik von herrschenden Klassen, die aus der tendenziellen und manifesten Ausdehnung ihres Herrschafts- und Einflussbereichs über Länder und Menschen ihre eigene politische Legitimation zur Herrschaft, zur Regierung ableiten." (ebenda: 245) „Die Ausbildung dieses Kriegswesens aber geht Hand in Hand mit der Bildung von Staaten als übergreifenden politischen Einheiten. Kriegswesen: das bedeutet und heißt Organisation, gleichförmige, tendenziell vereinheitlichte Bewaffnung, Training auch in Nicht-Kriegszeiten, heißt Hierarchie und Ordnung – Ober- und Unterordnung vor allem -, heißt Spezialisierung im Waffengebrauch, aber auch Spezialisierung zum Waffengebrauch, d.h. Arbeitsteilung, z.B. zwischen Kriegern und Nicht-Kriegern." (ebenda: 371) „Nur im Kontext einer sich arbeitsteilig entfaltenden – und damit ein vergleichsweise höheres Produktionsniveau erreichenden bzw. einen ökonomischen Surplus erwirtschaftenden – Gesellschaft wird es der militärischen, der bewaffneten Macht möglich, Kontrollfunktionen zu übernehmen und sich einen Teil dieses Surplus anzueignen, ihn in politische Macht, in Politik umzusetzen mit der selbsterklärten Aufgabe des ‚Schutzes der Gesellschaft'. Insofern ist die Evolution der Politik, einer eigenständigen politischen Sphäre und Tätigkeit auf engste mit der Spezialisierung und schließlich Monopolisierung auf bzw. von Gewalt und Waffen verknüpft. Diese Monopolisierung musste ihrerseits erkämpft werden durch die Unterwerfung von Menschen. Es ist dieser Prozess, der der eigentlichen Staatsbildung voranzugehen scheint. Einmal dergestalt in Bewegung gesetzt, wurden Militär und Rüstung ein treibendes Element weiterer ökonomisch-politischer Differenzierungsprozesse schon und gerade in der Antike – Prozesse, die bis heute, bis zur Entfaltung der arbeitsteiligen Industriegesellschaft, nichts an grundsätzlicher Bedeutung eingebüßt haben." (ebenda: 373) Allerdings hat sich Krieg als soziales Phänomen mittlerweile unmöglich gemacht. Alte Konfliktformationen sind weitgehend obsolet geworden, die Entwicklung könnte in Richtung Mikrokrieg und Makrokrieg gehen. „Mikrokrieg mit Rapid Deployment Forces, Low Intensity Conflict und vielleicht – gleichsam als Mantel darüber – mit friedensbewahrenden Truppen, Makrokrieg wäre zum Beispiel ‚Star Wars'." (Galtung, Johan: 1990, 23) Damit hat Johan Galtung bereits 1990 eine mögliche Form eines führbaren Krieges, wie er dann 1999 gegen Serbien stattgefunden hat vorweggenommen, ebenso was den Einsatz der Waffentechnologie betrifft: „ ... Nuklearwaffen sind ... im allgemeinen hoffnungslos ungeeignet. Sie könnte man eigentlich nur dann benützen, wenn der Gegner genügend weit entfernt ist, sodass Radioaktivität nicht zurückkommt; wenn die Sprengkraft in Megatonnen genügend gering ist und wenn der Gegner selbst keine Atomwaffen hat." (ebenda: 23) In Südosteuropa wurde depleted uranium eingesetzt: mit Uran abgereicherte panzerbrechende Munition, wobei auch Spuren von Plutonium entdeckt wurden, (vgl. Standard, 17. 1. 2001) welches verheerende Auswirkungen auf die Lebensbedingungen der Menschen hat. „Krieg war einmal legitimer als heute. Diejenigen, die Krieg führen, wissen, dass sie damit schnell sein müssen, ... Krieg muss also führbar, durchführbar und schnell sein, um Legitimität zu erreichen oder zu bewahren." (Galtung, Johan: 1990, 24)

3.2. Staatenbildung und Grundlegung internationaler Politik

Mit dem Westfälischen Frieden, der den Dreißigjährigen Krieg beendete, wurde das internationale System begründet, die Legitimität des modernen Staates als einzig handlungsfähiger bzw. –berechtigter Akteur der Politik nach außen aufzutreten, internationale Beziehungen einzugehen, die Bedeutung nach innen ist, dass die jeweilige Zentralregierung nunmehr überall einen festen Sitz, ihre Hauptstadt hat, auf die hin sich legitimes politisches Handeln der Staatsangehörigen orientiert, das Mittel zur Begründung dieser Herrschaft ist das Militär. (vgl. Krippendorff, Ekkehart: 1995, 272) „Nur wer über stehendes ... Heer verfügte, über einen permanenten, bürokratisch organisierten, disziplinierten und absolut loyalen Militärapparat, der hatte die Chance des Überlebens als Landherr und auch das Recht auf politische, diplomatische (,völkerrechtliche') Anerkennung als legitimer Akteur auf der neu errichteten Bühne der großen Politik." (ebenda: 274) „Ein stehendes Heer aber verlangte ein dauerhaftes, stabiles Einkommen, eine besteuerbare, d.h. funktionierende Ökonomie, eine nicht zu geringe Bevölkerung, die ihrerseits auf gewisse Grundwerte hin zu erziehen und auszurichten war, erforderte Organisation und Verwaltung, Beamte und Gesetzesordnungen – kurz: das stehende Heer brauchte eine politische Form, den modernen Staat. Nicht umgekehrt: 1648 wurden keine Staaten gegründet und diese unter anderem mit dem Recht auf Selbstverteidigung, also mit Militär ausgestattet, sondern es waren die stehenden Heere als die Basen ihrer Herrschaft, zu deren Unterhalt und Ausbau die Fürsten ihre Staaten konstruierten und sich gegenseitig in dieser neuen Funktion als legitime Herrscher anerkannten." (ebenda: 275) Der Prozess der sich herausbildenden stehenden Heere und der Staaten war ein komplementärer, aufeinander bezogener, das stehende Heer brauchte genauso den Staat um sich zu schaffen, wie die Armee den modernen Staat schuf. (vgl. ebenda: 275) „ ... die These vom militärischen Primat gründet sich auf den ... belegbaren Charakter der Organisation von Herrschaft als Gewaltherrschaft, auch wenn diese organisierte Gewalt sich historisch immer wieder zurückverwandelt, vermittelt und verborgen hat in verschiedenen Formen von ‚struktureller Gewalt'; der moderne Staat ist ihre geschichtlich erfolgreichste Gestalt geworden." (ebenda: 275) Die Ratifikation der Staatenordnung von 1648 bedingte die Legitimierung der Kriegsführung als Mittel der Staatenpolitik, die Begründung der Konferenzdiplomatie als Instrument für Kriegsabschlüsse. (ebenda: 277)

3.3. Nationalstaatskonzeption und Militarisierung der Gesellschaft

„In Kriegen trennen die Nationalitäten. Sie sind nichts weiter als eine Erlaubnis, aus Sichtweite auf den Feind zu schießen." (Satre, Jean-Paul: 1982, 52) Die französische Revolution datiert als bis dahin wichtigstes historisch-neuzeitliches Ereignis moderne Demokratie, modernen Verfassungsstaat „... und von hier geht auch die Revolutionierung der Kriegsführung durch die nationale Mobilisierung der Völker gegeneinander aus. ... Die Nationen, so wie wir sie heute kennen ... wurden vom Staat geschaffen mittels Amtssprachen, Zentralverwaltungen, Zusammenfassungen von Wirtschaftsräumen, ausgrenzende Staatsangehörigkeiten und nicht zuletzt durch den Heeresdienst." (Krippendorff, Ekkehart: 1995, 301) Ein Schlüsseldokument, das die Arbeitsteilung der Menschen, insbesonders auch die Funktion der Frau in militärischer Doktrin festhält ist das Gesetz Levèe en masse vom 23.8.1793, dessen Art. 1 lautet: „Von diesem Augenblick an bis zu jenem, da wir unsere Feinde vom Gebiet der Republik vertrieben haben, werden alle Franzosen ständig für den Dienst in der Armee herangezogen. Die jungen Männer sollen kämpfen; die Verheirateten sollen Waffen schmieden und die Versorgung übernehmen; die Frauen werden Zelte und Kleider anfertigen und in den Hospitälern helfen; die Kinder werden Scharpie ... zupfen;" (ebenda: 310) Das Heer wurde mehr als eine Säule des Staates, es wurde „ ... zum Sozialisationsagenten des Nationalbewusstseins, der nationalen Identität. ... die Nation erkannte sich als solche in ihrem, zumal in der entscheidenden Formationsphase überwiegend siegreichen Heer, sie identifizierte sich mit ihm und konstituierte sich durch die Grande Armèe als Nation." (ebenda: 313) „Das Neue, das aus der napoleonischen Umgestaltung des europäischen Staatensystem hervorging und die Niederlage Frankreichs selbst überdauerte, war ... die militärstaatliche Ordnung – mit neuer, nationaler Legitimation." (ebenda: 318) Die Armeen gewannen überall in Europa ein Gewicht als Garanten staatlicher Ordnung, es kam in allen europäischen Staatengemeinschaften in der zweiten Hälfte des 19. Jahrhunderts zur Militarisierung von Liberalismus und Nationalismus, für Generationen wurde eine Kultur militärischer und kriegerischer Werte, eine Popularisierung von Krieg und militärischer Tapferkeit als das eigentliche Wesen der Politik der Nationalstaaten begründet, das Eindringen militärischer Mythologien in breite gesellschaftliche Schichten ist Produkt und Bedingung der Akzeptanz von Militär als Schule der Nation und von Krieg als höchster Form staatlich-politischer Bewährung der Nation, die

Mythen von der Tapferkeit des Krieges bzw. Kriegers gehen zurück bis in die Antike, waren aber doch immer auf kleine Personenkreise beschränkt geblieben, die Ausdehnung auf die breite Bevölkerung war historisch neu. (vgl. ebenda: 330ff) „Der herrschaftspolitische Effekt dieser ‚Militarisierung der Köpfe' bestand in der Erleichterung des Regierens für die restaurierten Dynastien: das nunmehr volkstümlich gewordene oder als solches propagierte Militär der allgemeinen Wehrpflicht (zwar wurde diese nur in Preußen systematisch eingeführt, aber in variierender Form wurde sie in fast allen europäischen Staaten zu praktizieren versucht) war die wichtigste Säule monarchischer Staatsgewalt und Herrschaft geblieben, dessen Disziplinierung- und latente Repressionsfunktion hinter seinem nationalen Charakter verborgen werden und Herrschaft popularisieren sollte und das teilweise auch konnte." (ebenda: 334f) Das bedeutet, die Konzeption moderner Nationalstaatlichkeit fußt auf der historisch bedingten Militarisierung der Gesellschaften. Nachdem der Erste Weltkrieg den Zerfallsprozess der Großstaatengesellschaft eingeleitet hatte und es zur Bildung vieler neuer Nationalstaaten, bauend auf nationaler Selbstbestimmung, Selbstbestimmungsrecht der Völker, Recht bisher fremdbestimmter Völker auf den eigenen Staat kam, wurde der Prozess staatlicher Autonomie und Souveränität infolge des Zweiten Weltkrieges weitgehend abgeschlossen, hat sich zumindest als universales Prinzip durchgesetzt und findet in der UNO seine historische Legitimation, nur als Staaten gelten und zählen die Völker politisch. (vgl. ebenda: 17) „Der moderne Nationalstaat mit seinen männlichen Kolonialstrukturen, einschließlich dem männlichen Gewaltmonopol und dem hierarchisch-polarisierten Geschlechterverhältnis, erweist sich als grundlegend friedensfeindlich." (Albrecht-Heide, Astrid: 1990, 50) Eine Renaissance der Nationalstaatsidee vollzieht sich in Form eines Mega-Staates, die europäischen Sicherheitskonzepte die gegenwärtig erörtert werden, sind Ausgrenzungs- und Dominanzkonzepte. (vgl. ebenda: 51)

3.3.1. Dimensionen der Staatskonzeption

Staat folgt seinen Gesetzmäßigkeiten, die Maxime des Handelns richtet sich nach Selbsterkennen und Kenntnis der Umweltfaktoren, um das Optimum seiner Existenz zu erreichen. Staatsraison erfordert die Erziehung des Volkes, und bedeutet die Legitimierung von Herrschaft durch Einübung in die Staatsraison. Bedingung für die Durchführbarkeit von Staatsvernunft ist die Arbeitsteilung, die Verinnerlichung von Staatlichkeit im Kontext mit Bürokratisierung und Hierarchisierung, dies stellt einen Prozess von Realitätsverlust und Realitätsverleugnung dar, da bürokratisierte Hierarchie Probleme ausfiltert, Komplexität und Informationen auf operationale Handlungsalternativen etwa in Form des knappest-möglichen ExpertInnenberichtes bei EntscheidungsträgerInnen reduziert und damit differenziertes Eingehen auf die komplexe Wirklichkeit so strukturell verhindert, innerstaatliche Voraussetzung dafür sind geschaffen worden mit der arbeitsteiligen Verstaatlichung, der verstaatlichten Arbeitsteilung die ihren Ausgangspunkt in der Organisation der Arbeitswelt in den frühen Manufakturen des 17. und 18. Jahrhunderts nahm, wobei die Zerlegung des Menschen in operationale Daten zugunsten der Optimierung der Arbeitswelt zur effektiveren Beherrschbarkeit führte. (vgl. Krippendorff, Ekkehart: 1995, 28) „Und diese Beherrschbarkeit verändert, deformiert auch den bzw. die Herrschenden selbst ... Sie regieren über Menschen, indem sie diese klassifizierend als Objekte von Herrschaft funktional effizient nach mehr oder weniger präzisen Schemata bürokratisch-hierarchisch rational, ‚vernünftig' einsetzen – ein Verfahren, das ihnen selbst zur ‚zweiten Natur', der Natur der Staatsvernunft, wird." (ebenda: 28) Über die Schemata zur verfügen, bedeutet Macht innezuhaben, aber gleichsam auf die Formen ihrer Machbarkeit fixiert zu sein und damit Knechtschaft unter den Instrumentarien der Macht, d.h. Herrschaftswissen beherrscht auch die Herrschenden, wobei gegenüber solchem Herrschaftswissen und entsprechenden Praktiken, in denen der Mensch in erster Linie auch Objekt, das heißt zu beherrschende Materie ist, Reflexionswissen und Versuche, sich miteinander zu verständigen, strukturell bedingt gesellschaftlich unbedeutend bleiben. Der Versuch, Menschen zur herrschenden Raison zu bringen, scheint somit normaler, einfacher und erfolgversprechender zu sein als die Möglichkeit, sich über die Bedürfnisse zu verständigen, nach ihrer Bedeutung für das Ganze zu fragen und zu ihrer Kultivierung beizutragen. (vgl. ebenda: 28f) Die herrschenden Schemata werden als Sachzwänge formuliert, der Kreislauf struktureller Gewalt erfasst somit Herrschende wie zu Beherrschende. Herrschaftsstrukturen basieren auf Rationalisierung der Lebensbedingungen, Verwissenschaftlichung der Alltagswelt, Durchstaatlichung des sozialen Lebens: die Unvernunft wird mitproduziert (vgl. ebenda: 29) Unter dem Einfluss von Herrschaft wird das Individuum unsichtbar gemacht, Kritik und persönliche Meinung untersagt, die Verbindung zur Realität, zur kritischen Einschätzung von Wirklichkeit wird ersetzt durch Bilder, Mythen und Illusionen, daraus legitimiert sich die Herrschaft der Institution, je massiver Macht oder Gewalt in einer Gesellschaft wirken, desto effizienter funktioniert der Prozess des Unbewusstmachens als Voraussetzung für die Durchsetzung von Herrschaft. (vgl. Katschnig-Fasch, Elisabeth: 1999, 69f) In seiner Rede zur Eröffnung des Weltfriedenskongresses in Wien formulierte Jean-Paul Satre, dass es darum geht, gegenseitiges Misstrauen gegen Vertrauen auszutauschen, der Abstraktion, die in Konflikte führt, das Konkrete, ausgehend vom konkreten Leben gegenüberzustellen: „ ... denn das Konkrete ist die Totalität der Bande, die die Menschen untereinander vereinen." (Satre, Jean-Paul: 1982, 53)

3.3.2. Zivilisationsentwicklung

Krieg und Militär hängen stark zusammen mit der Arbeitsteilung, je mehr Arbeitsteilung, desto kriegerischer die Gesellschaft. Mit der Arbeitsteilung und daraus resultierenden Spezialisierung professioneller Kriegerklassen wächst die physische und auch die psychische Distanz der Kämpfenden. Infolge der Arbeitsteilung entwickeln Menschen anderen Menschen gegenüber Distanziertheit, werden auf ihre gesellschaftlichen Funktionen reduziert, entfremdet und bürokratisiert, töten auf Basis abstrakter Theorie ohne persönlichen Bezug, gehorchen Befehlen in Gesellschaften, wo der Zivilisierungsprozess überrationalisiert worden ist. (vgl. Krippendorff, Ekkehart: 1995, 46)

Erich Fromm kommt in seiner umfangreichen Analyse von dreißig Stammesgesellschaften zum Schluss, dass Geschlechteregalität und weitgehende Friedfertigkeit von Völkern untrennbar miteinander verknüpft sind, wobei es einen deutlichen Zusammenhang zwischen steigender Frauenunterdrückung und allgemeiner Aggressivität gibt, EthnologInnen haben an heute noch lebenden Stammesgesellschaften festgestellt, dass zwischen Gleichwertigkeit der Frau und allgemeiner Friedensliebe ein Zusammenhang besteht, sowie zwischen Benachteiligung der Frau und steigender Kriegsbereitschaft. Die österreichische Ethnologin und Psychologin Eva Ptak-Wiesauer, die sich mit Erziehungsmethoden in verschiedenen Stammesgesellschaften auseinandergesetzt hat, beobachtete, dass in geschlechtsegalitären Gesellschaften ein anderer Umgang mit Aggressionen vorherrscht, Aggressionen anders kanalisiert werden, während in patriarchal organisierten Gemeinschaften der Mann seinen Besitzanspruch auf Frau und Kinder auch mit Gewalt durchsetzt. Ptak Wiesauer spricht auch von einem weitgehenden Fehlen sexueller Gewalt in geschlechtsegalitären Gesellschaften. (vgl. Schmölzer, Hilde: 1996, 22f)

3.3.3. Dimensionen der Wahrnehmung von Wirklichkeiten

Herrschaftswissen, das Wissen der Herrschenden, reduziert den eigenen Wahrnehmungshaushalt in den Staatenbeziehungen auf Begriffe wie Gleichgewicht, Abschreckung, Freie Welt, Natürliche Grenzen, Blöcke usw. „Über Landkarten von Kontinenten gebeugt, die sie nie gesehen hatten, zogen europäische Diplomaten mit dem Lineal Grenzen quer durch Kulturen und Völker ... Sie alle bewegen sich auf einer Ebene der Abstraktionen von der Wirklichkeit, die ihnen als Große Politik erscheint, als eine zweite (und ihre erste) Wirklichkeit, die mit der Wirklichkeit der real existierenden Menschen nichts zu tun hat, außer Herrschaft über sie zu sein." (Krippendorff, Ekkehart: 1995, 29) „Das Denken und die Politik von heute führen uns zum Massaker, weil sie abstrakt sind ... Jeder handelt ... ohne die Absichten und die Beschlüsse des Nachbarn von gegenüber zu kennen; man stellt Mutmaßungen an, man glaubt nicht, was gesagt wird, man deutet die Verhaltensweisen nach seinen Vermutungen darüber, was der Gegner tun wird, und paßt sie dem an. Von daher ist nur eine einzige Position möglich, die durch eine jahrtausendalte Dummheit zusammengefaßt wird: Wenn du den Frieden willst, bereite den Krieg vor – der Triumph der Abstraktion" (Satre, Jean-Paul: 1982, 52) „Staatlichkeit ... macht ihre Protagonisten blind. Sie sozialisiert den zunächst ... Sehenden in Strukturen, die zu einer Wahrnehmungsverzerrung, zu einer der unverstellten Vernunft schließlich diametral entgegengesetzten Logik führen, die das Vernünftige zur Unvernunft und das Unvernünftige zur (staatsnotwendigen) Vernunft macht..." (Kripendorff, Ekkehart: 1995,30f) Statt eine allseits verträgliche, soziale Welt zu bauen, aus der die Quellen für Gewalt verbannt sind, haben wir den VerantwortungsträgerInnen die mächtigsten Mittel in die Hand gegeben, um Unverträglichkeiten auszutragen. Die Militärs können Zweck und Funktionsweise einer Rakete mit atomaren Sprengkopf überzeugender erläutern als PolitikerInnen die denkbaren Konturen eines künftigen Sicherheitssystems. „Was Militärs und Rüstungsindustrie an Phantasien zu entwickeln vermögen, stellt Politikerdenken bei weitem in den Schatten." (Meissner, Klaus-Peter: 1990, 59)

3.3.4. Symbole der Staaten

Europa ist voller Kriegerdenkmäler, die bezeugen sollen, dass es süß und ehrenvoll ist, für das Vaterland zu sterben, die großen staatlichen Monumente erinnern primär an Schlachten oder Kriege, die meisten mittleren Städte Europas haben ihr heroisierendes Gefallenendenkmal. „Wenn wir uns heute umsehen, wie sich Staaten ... zeremoniell darstellen, so fällt auf, dass wir es hier mit einer säkularisierten Religionssymbolik zu tun haben: bei Staatsbesuchen treten Ehrenkompanien an und werden abgeschritten, genau abgezählte Salutschüsse werden abgefeuert, Flaggen (ursprünglich die Erkennungszeichen militärischer Einheiten im Schlachtengetümmel) werden gehisst, und Staatsoberhäupter legen die Hand aufs Herz, vor Ehrenwachen stehen Wachsoldaten, kaum ein Staat ohne sein ‚Grabmal des unbekannten Soldaten', Staatsbegräbnisse von zivilen Präsidenten oder Kanzlern werden mit militärischen Ehrenformationen dekoriert usw." (Krippendorff, Ekkehart: 1995, 34) Der Staat repräsentiert sich in seinen Symbolen in seinem essentiell militärischen Charakter, verdeutlicht damit die Streitkräfte als Herz der Souveränität. Anstelle der mittelalterlichen Mauern, die die Städte und Stadtstaaten abgrenzten, tritt eine unsichtbare Grenze, die durch materielle Symbole wie Visa und potentielle Gewaltandrohung durch die Erklärung einer militärischen Grenzsicherung abgesichert wird. Dieser Vorgang führt historisch zum Konzept der ‚nationalen Sicherheit', die über ein nationales Militär monopolartig versucht wird zu gewährleisten, damit wurde die Entwicklung von Nationalstaaten wichtiger als die Vision einer internationalen Friedensordnung. (vgl. Albrecht-Heide, Astrid: 1990, 42f)

3.4. Sozialisationsmechanismen des Staates

Nationalstaatlichkeit und die ihr inneliegenden Regelsysteme wird über Sozialisationsinstanzen wie Medien, Schulen, Universitäten, Disziplinen der internationalen Beziehungen, Kirche, aufrechterhalten, gefestigt und nach unten vermittelt, wo sie als naturgegebene Selbstverständlichkeiten erscheinen, wie etwa, dass Kriege zur Natur der Politik und des Menschen gehören. (vgl. Krippendorff, Ekkehart: 1995, 29) Das Milgram-Experiment und viele Nachfolgeexperimente belegen m.E. ebenso wie die Realität hierarchisch-autoritärer Gesellschaftsstrukturen, dass potentiell Menschen aus allen Gesellschaftsschichten und mit unterschiedlichsten Charakterzügen zu Gewalttaten bereit und fähig sind, wobei die meisten Menschen Gehorsamsbereitschaft Autoritätspersonen gegenüber in der primären und sekundären Sozialisation erfahren. „Die Problematik der Gehorsamsbereitschaft bzw. der Gehorsamsverweigerung durchzieht die Geschichte der Menschheit. Gehorsamsverweigerung bedingte Erbsünde in der jüdischen und christlichen Religion. Generell wird Gehorsamsbereitschaft in der Sozialisation von jedem Menschen erlernt und verlangt und gehört zu den Grundstrukturen der menschlichen Gesellschaft. Wann und in welchem Kontext Gehorsamsverweigerung der richtige und von der Gesellschaft akzeptierte Weg ist, wird in der Erziehung nicht klar vermittelt ... Üblicherweise wird Gehorsamsverweigerung – außer in Ausnahmesituationen – sanktioniert." (Roth, Roswitha: 1999, 189) Gehorsam, sei er einer Person, einer Institution oder einer Macht gegenüber ausgeübt, bedeutet Unterwerfung und impliziert den Verzicht auf Autonomie, indem die eigene Entscheidung zugunsten einer fremden Entscheidung und eines fremden Willens aufgegeben wird. Gehorsam ist einfacher auszuüben als Ungehorsam, da das Gehorchen der Macht des Staates, der Kirche, der öffentlichen Meinung etc. Sicherheit gibt, die Institution, der gegenüber Gehorsam geleistet wird, suggeriert Allwissenheit und Allmacht, ihr zu gehorchen bedeutet daran Anteil zu haben. (vgl. Fromm, Erich: 1985, 11ff) Die Fähigkeit zum Ungehorsam erfordert Mut, auch alleine zu sein und zu irren. „Ein Mensch kann durch den Akt des Ungehorsams, dadurch dass er einer Macht gegenüber nein sagen lernt, frei werden; aber die Fähigkeit zum Ungehorsam ist nicht nur die Voraussetzung für Freiheit – Freiheit ist auch die Voraussetzung für Ungehorsam." (ebenda: 14)

3.5. Staat und Militarismus

Nationalstaat und Militarismus sind untrennbar miteinander verknüpft. „Eine genauere Betrachtung der Herausbildung des modernen Nationalstaates zeigt, dass dieser intimere regionale Identitäten relativieren und überbieten muss. Dadurch entsteht Militarismus als materielle und ideologische Gegebenheit." (Albrecht-Heide, Astrid: 1990, 42) Militarismus bezeichnet den „ ... Zusammenhang von Staatlichkeit und militärischen Organisationsformen, Strukturen und Taktiken einschließlich der gesellschaftlichen Bedingtheiten von Waffensystemen, worin sich die auf Gewalt basierende Herrschaft von Menschen über Menschen verdinglicht." (Krippendorff, Ekkehart: 1995, 206) Auf diesem Zusammenhang beruht das internationale Staatensystem, dessen zentrale Eigenschaft ein Drohsystem darstellt. „Die in der Form des Krieges manifest werdende organisierte Gewalt der Staaten (latent hat sie die innergesellschaftliche Funktion der Disziplinierung und Strukturierung von Populationen) verdinglicht sich im Militär, jener auf Gewaltausübung arbeitsteilig spezialisierten gesellschaftlichen Formation, die ständig ihre eigene Logik und Kreativität entwickelt ..." (ebenda: 206) Die je spezifische Art und Weise militärischer Organisation und die Arten der Waffensysteme bzw. Waffentechnologien sind gesellschaftlich bedingt, hängen mit der Entwicklung und Entfaltung der Produktivkräfte und technologischen Möglichkeiten sowie den gesellschaftlichen Strukturen zusammen, die Frage des Militärhaushaltes bzw. damit nach der Kontrolle der Armee berührt den Kern des politischen Systems bzw. staatlicher Souveränität. So wurden die Streitkräfte in Europa mit der zweiten Hälfte des 19. Jahrhunderts als Massenheere strukturiert, dies bedingt die allgemeine Wehrpflicht und neue Möglichkeiten von Massenmobilisierung und Logistik, parallel zum Arbeitsteilungsprinzip der industriellen Gesellschaft, etwa im Bereich Spezialisierung, Technisierung usw. (vgl. dazu ebenda: 361f) „Vor dem Hintergrund der rapide fortentwickelten Kriegsführungs- und Vernichtungstechnologien seit den sechziger Jahren des 19. Jahrhunderts begann hier, zunächst langsam, aber seitdem bis heute anscheinend unaufhaltsam, die Geschichte der Militarisierung der Machtpolitik ... d.h. das tendenzielle Monopol, diese Staats-Unvernunft nur noch in Zerstörungs- und Vernichtungskategorien zu formulieren." (ebenda: 362) Rüstungswettläufe führen mit einer statistischen Wahrscheinlichkeit von 82% zu Kriegen. (vgl. ebenda: 9)

3.5.1. Staat und Militär

„Die Kriegs- und Machtpolitik der Herrschaft hat nichts zu tun mit der psychologischen Kategorie von Aggressivität: die Organisation des Gewaltapparates selbst, des Militärs, ist im Gegenteil geradezu systematisch darauf angelegt, ihre Mitglieder per Gruppenzwang zu jenen Gewalthandlungen erst zu zwingen, die sie von sich aus nicht leisten würden. Militärapparate sind Herrschaftsinstrumente und nicht kanalisierte Aggressions-Aggregate, ihre Regeln und Rituale haben den expliziten Zweck, dem einzelnen seine natürliche Angst vor der Gewaltanwendung zu nehmen, ihm ‚Mut' zu machen, nicht aber einer angeblichen Aggressionsbereitschaft ein kriegerisches Betätigungsfeld zu geben." (Krippendorff, Ekkehart: 1995, 75) In bezug auf die Entwicklung der Armee gab es in diesem Jahrhundert drei Phasen, im Rahmen der Kriegsministerien war Aggressivität legitim, nach dem Ersten Weltkrieg und in der Zwischenkriegszeit gab es einen Wandel, der Angriffskrieg hat an Legitimität verloren, die dritte Phase begann damit, Verteidigung als Defensivverteidigung zu verstehen, dies bedingte eine kurze Reichweite der Waffen der Streitkräfte. Die Schweiz hatte hier eine Vordenkerrolle inne, darauf gibt das Schweizer Referendum zur Abschaffung der Armee Antwort, dem nach ausführlicher öffentlicher Diskussion 35,6% der Bevölkerung zugestimmt hatten, wobei die über 60ig-Jährigen zu etwa 80% für die Armee gestimmt hatten, aber die jüngere Generation sich zu 55% gegen die Armee ausgesprochen hatte. (vgl. Galtung, Johan: 1990, 16f) Wie es schon Gandhi formuliert hat, es bräuchte in Europa ein mutiges Land, das einseitig abrüstet ... „Immer schon dienten Heere dem Zwecke der Verstümmelung, des Tötens und der Auslöschung des Feindes, je größer die Vernichtungskraft der Armeen wurde, desto mehr wurde ihr eigentümlicher Zweck verschleiert und unterdrückt. In den letzten sechzig Jahren haben alle Staaten ihre Kriegsminister durch Verteidigungsminister ersetzt." (Shatan, F. Chaim: 1990, 125) Insgesamt geht die Anzahl von Kriegen zurück, da sie immer weniger legitimes Mittel sind und immer schwieriger kommunizierbar sind. „Die Welt sieht den Krieg heute mit anderen Augen als zu Beginn des Jahrhunderts, und wenn heute jemand von der Schönheit des Krieges als einziger Hygiene der Welt reden würde, ginge er nicht in die Geschichte der Literatur ein, sondern in die der Psychiatrie. Mit dem Krieg ist das gleiche passiert wie mit dem Ehrendelikt oder dem Gesetz der Vergeltung von Gleichem mit Gleichem: nicht, daß keiner sie mehr praktiziert, aber die Gemeinschaft beurteilt sie als ein Übel, während sie früher als etwas Gutes galten." (Eco, Umberto: 1999, 21)

3.5.2. Funktionsweisen von Armeen

In den letzten sechzig Jahren fand eine Expansion der Streitkräfte statt, Armeen sichern ihren eigenen Bestand, auch über Veteranenvereine, sie expandieren in immer neue Nischen, dies zeigt die Diskussion über Zulassung weiblicher Soldaten zum Kampf, das heutige Vernichtungspotential ist nur noch schwer begreifbar. (vgl. Shatan, F. Chaim: 1990, 125) Als immer wieder propagierte Schule der Nation sind Armeen eine gewichtige Sozialisationsinstanz des Staates.„Armeen sind bloß ein Teil des komplementären Gegensatzpaares – Die Armee und ihr Feind. Eines kann ohne das andere nicht existieren. Sie verstärken einander ..." (ebenda: 123) Militärs üben ihre Macht über Riten, Metaphern und heilige Symbole, durch Krönungen und Kronen, Paraden und Medaillen, Limousinen und Konferenzen aus, die Zeremonien weisen das Zentrum der Macht aus und umgeben alle Vorgänge mit einer Aura von Würde und Ernsthaftigkeit. (vgl. ebenda: 124) „Militärische Macht benötigt immer noch einen kulturellen Rahmen, um sich zu definieren und seine Ansprüche geltend zu machen. Und der kulturelle Rahmen ist der Krieg gegen einen Feind ... Der Sitz der Macht mit seinen Symbolen und Konzeptionen berauscht und versetzt auch heute noch in höchste Begeisterung." (ebenda: 125) Diese Ausformung kultureller Gewalt legitimiert somit die Ebene der strukturellen Gewalt. Streitkräfte sind hierarchisch organisiert, der Ehrbegriff ist mit dem Rang verknüpft. „Die Rangoberen erreichen ihren Status auf Kosten der

Rangniedrigeren ... Kämpfer gewinnen Glanz, Ansehen und Ehrungen auf Kosten jener, die sie besiegen, vernichten und zerstören." (ebenda: 126)

3.5.3. Rüstungsindustrie und Waffenhandel

Das auf diesem Planeten erzeugte und gelagerte Waffenarsenal würde ausreichen, das Leben auf der Erde mehrmals zu zerstören. „Die Entwicklung immer perfekterer, ausgeklügelterer und effektiverer Tötungsinstrumente bei gleichzeitiger Vernachlässigung der Armen, Schwachen und Hungernden dieser Erde verdeutlicht wohl am eindringlichsten die zutiefst zerstörerischen Tendenzen eines weltweiten, patriarchalen Systems." (Schmölzer, Hilde: 1996, 130) Die Rüstungsindustrie ist ein etablierter Wirtschaftszweig, in den achtziger Jahren wurde für Waffen mehr Geld als für Getreideimporte ausgegeben, wobei dieser Trend anhält. Ein großer Teil des Forschungs- und Entwicklungsetats der Regierungen fließt in die Erforschung und Verbesserung militärischer Technologien. (vgl. ebenda: 134) „Wie das Friedensforschungsinstitut in Stockholm SIPRI feststellt, sind etwa 50% der Wissenschafter in der Rüstung tätig." (ebenda: 51) Der internationale Waffenhandel blüht. Hauptwaffenexporteur sind die USA mit dem Anteil von 47,9%, gefolgt von Rußland mit 20,6%, Deutschland lag mit 8,34% 1993 bereits an dritter Stelle, an vierter Stelle folgt Frankreich. Knapp die Hälfte des Einkommens dieser Welt wird für militärische Zwecke ausgegeben, was bezeichnend ist für eine globale Situation von kriegerischer Gewalt. (vgl. ebenda: 140f)

4. Krieg, Militär und Geschlechterverhältnis

„Die Menschheit ist männlich,
und der Mann definiert die Frau nicht als solche, sondern im Vergleich zu sich selbst:
sie wird nicht als autonomes Wesen angesehen. ...
Sie ist das Unwesentliche gegenüber dem Wesentlichen.
Er ist das Subjekt, er ist das Absolute: sie ist das Andere."
Simone de Beauvoir

Krieg macht patriarchale Beziehungen patriarchaler. Krieg verändert menschliche Beziehungen generell. Von zunehmender Gewalt besonders gegen Frauen berichtete Neva Tölle, Mitbegründerin des Frauenhauses in Zagreb während des Bürgerkrieges im ehemaligen Jugoslawien: „Der Krieg hat das Patriarchat extrem gestärkt und die Frauenfeindlichkeit verschärft. Es wurde immer gefährlicher, sich für Frauenrechte einzusetzen. Einzelne Mitfrauen von Frauengruppen wurden öffentlich denunziert und in Massenmedien attackiert." (Schmölzer, Hilde: 1996, 227) Krieg, Tod und Vernichtung steht im Zusammenhang mit der Neugeburt eines Mythos, im Krieg in Südosteuropa u.a. mit jenem der serbischen Nation, die ständige Symbolisierung männlicher Herrschaft garantiert den Unterschied zwischen den Geschlechterrollen. (vgl. Katschnig-Fasch, Elisabeth: 1999, 70ff) Krieg, Militär und Geschlechterdiskurse sind sehr eng miteinander verzahnt. Das Militär bedient sich in allen westlichen Ländern einer geschlechtsspezifischen Symbolik und reguliert den Zugang über die Kategorie Geschlecht. „Auch der Krieg ist ein kulturelles Ereignis, das ... in extremer Weise mit geschlechtsspezifischen Bedeutungen aufgeladen ist und mit geschlechtsspezifischen Inklusionen und Exklusionen arbeitet. Den besonderen Zusammenhang von Krieg-Militär und der Konstruktion und Definition von Geschlecht zeigt auch ein Blick auf die gesellschaftlich-politische Diskussion um das Verhältnis von Männern, Frauen und Militär. Hier wurde und wird durchwegs mit ausgeprägten Geschlechterstereotypen gearbeitet." (Eifler, Christine/Seifert, Ruth: 1999, 10) Die argumentierten Stereotypien beziehen sich auf eine biologistische Ebene oder die Schutzmetapher von den ‚FrauenundKinder', wie es Enloe formulierte. Gewaltausübung wird beim Militär zu einem konstituiven Bestandteil der Geschlechterdifferenz. (vgl. ebenda: 10ff) Krieg und die Auswirkungen des Krieges sind geschlechtsspezifischer Art, 80% der flüchtenden Bevölkerung sind Frauen und Kinder, Frauen werden genauso getötet wie Männer, wenn aber selektiv getötet wird, etwa im ehemaligen Jugoslawien, sind es in der Regel die Männer, die selektiert und getötet werden, dies ist eine Folge der geschlechtsspezifischen Konstruktion des Krieges. (vgl. Yuval-Davis, Nira: 1999, 33ff) „Während Männer der jungen und mittleren Generation in Kriegen kämpfen, werden Frauen und alte

Männer in den Dörfern und Städten zurückgelassen, um sich um Haus und Kinder zu kümmern, den Grund und Boden zu bearbeiten und die soziale Struktur der Gemeinschaft funktionsfähig zu halten. Bleiben die Frauen zurück, so sind sie oft dem Risiko ausgesetzt, von den feindlichen Soldaten vergewaltigt und gefoltert zu werden." (ebenda: 36) Die Folgen von Kriegen sind langfristige, Feindbilder und politische Konfrontationen bleiben bestehen und strukturieren die verschiedenen gesellschaftlichen Systeme. „Nachkriegszeiten sind historische Zeiträume, in denen der Prozess der Vergeschlechtlichung mit äußerster Intensität stattfindet. Dies resultiert einerseits aus der Tatsache der notwendigen Neuformierung der durch Krieg erschütterten sozialen Beziehungen und sozialen Verhältnisse, einschließlich des Geschlechterverhältnisses. Andererseits erfolgt ein Zwang zur Neuformulierung der Geschlechterdifferenz, der sich aus der ‚Normalisierung' der durch den Krieg erzwungenen geschlechtsspezifischen Arbeitsteilung ergibt. Im großen Maßstab erobern die heimkehrenden Männer ihre gewohnten hierarchischen Positionen in Staat und Familie zurück und verdrängen Frauen aus ihrer erweiterten Verantwortung." (Eifler, Christine: 1999, 157) Seit dem Krieg im ehemaligen Jugoslawien ist systematische Vergewaltigung als Kriegsbestandteil ein medialer Begriff geworden. „Feministische MenschenrechtsaktivistInnen haben darauf hingewiesen, dass bezeichnenderweise Vergewaltigung von der Genfer Konvention als ‚ein Verbrechen gegen die Ehre' und nicht als eine Form der Folter definiert worden ist – also als Verbrechen gegen die Ehre der Männer und der Gemeinschaft und nicht als Angriff auf die körperliche Integrität der Frauen selbst ... Hier zeigt sich ein weiterer geschlechtsspezifischer Aspekt der gesellschaftlichen Konstruktion des Krieges." (Yuval-Davis, Nira: 1999, 36)

4.1. Krieg, Geschlechterverhältnis, Privateigentum

„Die Entwicklung patriarchaler Herrschaft ist ursächlich verknüpft mit Krieg und Gewalt, und beides wiederum mit der Akkumulation von Privateigentum." (Schmölzer, Hilde: 1996, 26) Die Unterdrückung der Frau bildet die Voraussetzung für die Entstehung von Militarismus und Krieg. „Nach Ansicht vieler feministischer Autorinnen und Wissenschafterinnen (Maria Mies, Heide Göttner-Abendroth, Gerda Lerner, Marilyn French u.a.) ist diese, durch Gewalt herbeigeführte Unterdrückung die ursprünglichste, und damit auch für den weiteren Verlauf der Geschichte die bestimmendste gewesen. Erst durch die Aneignung weiblicher Sexualität und weiblicher Arbeitskraft sei es Männern möglich gewesen, Privateigentum anzuhäufen, weshalb die Frau als der erste Besitz des Mannes verstanden werden müsse, aus dem sich weitere Besitzverhältnisse und Hierarchien entwickelten." (ebenda: 26) Die Übergangszeit zu patriarchaler Gesellschaftsordnung vollzog sich in den letzten Jahrzehnten vor unserer Zeitrechnung, sie liegt bei etwa 2500 Jahren, wobei die Übergänge fließend waren, im Gegensatz zu matrilinearen und matrilokalen Gesellschaften, die egalitär strukturiert waren, entstanden nun Rangunterschiede und Hierarchien, es kam zur Herausbildung autoritärer Führer, denen es um Erweiterung von Macht und Besitz ging, die dafür auch bereit waren, Kriege zu führen, bezeichnend ist der Übergang von Dorf- zu Stadtkultur, der weltweit, zunächst in den großen Fluss- und Küstentälern Mesopotamiens, Ägyptens, Chinas, Indiens und Mittalamerikas, später in Nordeuropa und Afrika stattfand, die nun entstehenden archaischen Staaten zeichneten sich durch zunehmende Hierarchien, die Herausbildung besitzender Klassen, Warenproduktion verbunden mit organisiertem Fernhandel, Königsherrschaft, militärische Eliten, patriarchales Familienmodell und Institutionalisierung der Sklaverei aus, der Einfluss der Frau wurde immer stärker zurückgedrängt. (vgl. ebenda: 25) Die Entstehung von Privateigentum resultierte aus der Wirtschaftsweise des Ackerbaus. „Es ist offensichtlich, dass Jagd, die Weiterentwicklung von Waffen und später die Viehzucht in einen ursächlichen Zusammenhang zu bringen sind. Es waren patriarchale, räuberische Hirtennomaden aus dem kargen Norden, die die matrizentristischen, vielfach noch Gartenbau treibenden und weitgehend unbefestigten Siedlungen der Mittelmeerländer zwischen dem dritten und den zweiten vorchristlichen Jahrtausend in Wellen überrannten, die Frauen raubten oder vergewaltigten und den Übergang zur patriarchalen Gesellschaftsordnung einleiteten." (ebenda: 28) Das patriarchale Herrschaftsprinzip führte mit Ausbeutung, Krieg, Zerstörung und Gewalt zu tiefgreifenden Veränderungen. „Das moderne, patriarchale kapitalistische System gründet sich ... auf die Unterwerfung und Ausbeutung von Frauen ... Zerstörung und Ausbeutung der Natur ... Ausbeutung und Unterwerfung von Rassen, Klassen und fremden Völkern. Der Reichtum europäischer Zivilisation und Kultur wäre ohne Klassismus, Kolonialismus und Imperialismus nicht denkbar. ... Als verhängnisvoll erwies sich dabei vor allem die unheilige Allianz von Wissenschaft, Krieg und Religion: Den moderneren europäischen Vernichtungswaffen mußten die außereuropäischen Völker ebenso unterliegen wie dem damit im Zusammenhang stehenden Missionseifer europäischer Geistlicher." (ebenda: 60)

4.2. Religionen – Verdrängung der Frau

Wie die Geschichte des Übergangs zum Patriarchat eine gewaltsame ist, werden auch in den Mythen die Göttinnen durch Gewalt, Raub, Mord, Vergewaltigung entthront, der allmähliche Verdrängung der Frau aus den heiligen Handlungen entspricht das Ersetzen der Göttinnen durch dominante männliche Gottheiten. (vgl. Schmölzer, Hilde: 1996, 35) „Ebenso verfälscht der christliche Schöpfergott die natürlichen Gesetze des Lebens, wenn er Eva aus Adam schafft und nicht, wie es der eigentliche Geburtsvorgang vorsieht, Adam aus Eva hervorgehen läßt. Wobei der sogenannte erste Schöpfungsbericht noch etwas gleichberechtigter mit den Geschlechtern umgeht: Hier formt Gott das erste Menschenpaar in gleicher Weise aus Lehm." (ebenda: 35) Gekennzeichnet ist das Christentum von Naturfremdheit, für Eugen Drewermann liegt im Erbe der Bibel einer der Hauptgründe für die innere Unfähigkeit zum Frieden, da die Gewalttätigkeit gegenüber der Natur die Außenseite der Gewalttätigkeit gegen sich selbst wiederspiegelt. (vgl. ebenda: 51)

4.2.1. Christentum und Krieg

„Es ist bezeichnend, daß patriarchale Götter zumeist auch Kriegsgötter sind, müssen sie doch einem Herrschaftssystem, das sie mittragen und repräsentieren und das Gewalt und Krieg als notwendig und sinnvoll erachtet, Berechtigung und Legitimation verleihen. Auch der Christengott ist immer zugleich Kriegsgott gewesen, den stets jede kriegsführende Partei für sich vereinnahmt hat, und in dessen Namen die Waffen gesegnet und Kriege heilig gesprochen wurden." (Schmölzer, Hilde: 1996, 145) Während des Bürgerkrieges im ehemaligen Jugoslawien stellte sich die serbisch-orthodoxe Kirche eindeutig auf die Seite der kriegstreibenden Partei. Auf einer Bischofskonferenz im Sommer 1994 erklärten die Bischöfe, das serbische Volk müsse seine jahrhundertealten Rechte verteidigen, besser wäre es nicht mehr zu leben als das Volk zu verraten, Radovan Karadzic knüpfte in seiner Rede Anfang 1994 daran an, indem er Serbien als Gottes Werk bezeichnete. (vgl. ebenda: 1996, 159) Auch nach 1945 hat sich die grundlegende Haltung der katholischen Kirche zum Krieg nicht geändert, wenn etwa führende katholische Theologen der Nachkriegszeit im Rahmen der Diskussion um atomare Aufrüstung sich beeilten festzustellen, dass der Einsatz atomarer Waffen nicht in jedem Fall Sünde sei bzw. der sittlichen Ordnung widerspreche. (vgl. ebenda: 161)

4.3. Militär, Geschlechterverhältnis und Nationalstaatlichkeit

Astrid Abrecht-Heide hält fest, dass es einen Zusammenhang zwischen Militär und Geschlechterverhältnis, einen Zusammenhang zwischen Nationalstaaten und dem Geschlechterverhältnis gibt, dass Nationalstaat und Militär kompatibel sind, die Veränderung strategischer Konzepte bis hin zur potentiellen Selbstzerstörung durch sogenanntes modernes und konventionelles Kriegsgerät ebenso wie Art und Qualität pazifistischer und antimilitaristischer Konzepte mit dem Geschlechterverhältnis im Zusammenhang stehen, sowie dass ein Zusammenhang zwischen der Friedensfrage und dem Geschlechterverhältnis besteht, der über die Männerphantasie von der Frau als der Friedlichen zutage tritt. (vgl. Albrecht-Heide, Astrid: 1990, 36ff) Die gesellschaftlichen Institutionen Regierung, Parlament, Gericht, Massenmedien sind jene abstrakten Räume, in denen sich Öffentlichkeit verwirklicht. „Frauen ... haben an der Entstehung der bürgerlichen Öffentlichkeit keinen Anteil, ihr marginaler Status darin kennzeichnet diese Öffentlichkeit bis heute als Männeröffentlichkeit." (Klaus, Elisabeth: 1998, 97) Der konfliktreiche und gewaltsame Übergang zur Nationalstaatlichkeit mit seinem männlichen Gewaltmonopol stellt Teil eines Rationalisierungsprozesses dar, der nicht nur nüchternes Kalkül, sondern auch historische Dominanz eines Herrschaftsaffektes und somit Steigerung von Gewalt impliziert. „Rationalität als Herrschaftsaffekt, der dem männlichen Gewaltmonopol im Nationalstaat zugrundeliegt, ist ein Teil der Verdrängungsenergie der Akteure des neuzeitlichen Vergesellschaftungsprozesses. Das bedeutet: Gefühls- und Verhaltensdimensionen, die für das frühkapitalistische Nationalstaatssubjekt dysfunktional sind, werden wegdiszipliniert. Sie werden aber auch ... projektiv nach unten delegiert: auf die Frau, den vierten Stand ... und den ‚Wilden' ... Rationalität ist aber auch geronnene Gewalt, die in der Lage ist, Gewalt zu verstärken. Die Wirkung dieses Herrschaftsaffektes reduziert eben nicht Gewalt, sie produziert sie, mindestens jedoch radikalisiert sie sie." (Albrecht-Heide, Astrid: 1990, 43) „Die Verknüpfung dieses Herrschaftsaffektes mit dem männlichen Gewaltmonopol erlaubt die Annahme, daß in diese Monopolisierung auch die alltägliche Gewalt des Patriarchats gegen Frauen eingeht. Eine wirkliche Trennung zwischen männlicher Alltagsgewalt und institutionalisierter Gewalt wäre dann kaum möglich ... Dies hat Konsequenzen. Es bedeutet unter anderem, daß eine bestimmende Handlungslogik männlicher Gewalt, uneingestandene, nach unten delegierte Schwäche und Unsicherheit, Grundfaktoren des Nationalstaates sind." (ebenda: 1990, 44) Im Militär und Militarimus fände somit die psychologische Annahme, dass starke Männer schwache Männer sind ihre Entsprechung. (vgl. ebenda: 44)

4.3.1. Militärdienst und Bürgerrechte

Als unmittelbare Akteurinnen waren Frauen historisch aus dem militärischen Gewaltapparat ausgeschlossen, Macchiavelli hatte etwa betont, dass der Staat, der seine Bürger bewaffnet, ihnen zugleich sein Wohlverhalten garantiert, Mitgliedern gesellschaftlicher Gruppen, die kein Recht zum Waffentragen hatten, wurde diese Garantie verweigert. Ethnische Zugehörigkeit, Schichtzugehörigkeit, Alter und Qualifikation spielen bei der Frage der Aufnahme oder des Ausschlusses in die Armee eine entscheidende Rolle, in den USA hatten etwa US-Indianer während des Zweiten Weltkrieges eine der höchsten Kampfquoten, in Israel sind palästinensische Bürger Israels und andere ethnische Gruppen vom Militär ausgeschlossen, oftmals haben ethnische Minderheiten ein Kontingent an Kanonenfutter zu stellen, die Beteiligung bestimmter gesellschaftlicher Gruppen führt nicht automatisch zur Veränderung ihrer Bürgerrechte, so kann die These, eine Beteiligung am Militärdienst führe zur Gewährung voller Staatsbürgerrechte mit einem Fragezeichen versehen werden. (vgl. Yuval-Davis, Nira: 1999, 21) „Das Recht und die Position des einzelnen in der Gesellschaft hängen vielmehr nachweislich nicht davon ab, ob sie oder er sich generell am Militärdienst beteiligt oder nicht. Entscheidend ist vielmehr, in welcher Eigenschaft er/sie dies tut und welche alternativen Quellen ziviler Macht zur Verfügung stehen." (ebenda: 22) Die große Anzahl von schwarzen Amerikanerinnen in den US-Streitkräften ist kein Zeichen für die Stärkung ihrer gesellschaftlichen Stellung, es sind lediglich ihre Chancen auf dem zivilen Arbeitsmarkt einen Arbeitsplatz zu erhalten sehr begrenzt. „Welche Auswirkungen die Öffnung des Militärs für Frauen insgesamt hat, hängt vielmehr davon ab, welche politischen und gesellschaftlichen Prozesse zu dieser Entscheidung geführt haben und welche politischen Akteure daran beteiligt waren. Bezeichnend in diesem Zusammenhang ist, dass in den Streitkräften der westlichen Welt, insbesondere in den USA, die Zuwachsquote und die Qualität der Beteiligung von Frauen immer dann zugenommen haben, wenn die Bedeutung des Militärdienstes für die Staatsbürgerschaft abnahm – z.B. wenn die Wehrpflicht abgeschafft wurde." (ebenda: 23) Diese Ausgrenzung aus dem Vollbürgertum bedeutet jedoch keineswegs, dass insbesonders Frauen keine militärische Relevanz hatten oder haben, die militärischen Arbeitsmarktstrategien waren stets auf Frauen ausgerichtet, eine grundsätzliche Ablehnung des Einsatzes von Frauen in den Streitkräften wurde allenfalls in Friedenszeiten beschlossen, im Kriegsfall stand sie Militärstrategen nie im Wege, wobei die Militärs bestimmten, wann, wie und unter welchen Bedingungen Frauen einzusetzen sind. (vgl. Albrecht-Heide, Astrid: 1990, 38) Ruth Seifert vertritt die These, dass der Ausschluss der Frauen aus dem Vollbürgertum, definiert über den Ausschluss aus dem Militär, nicht nur die Positionierung der Frau als friedliebend und in den zivilen, privaten Ort bedingt, sondern dies mit den Machtstrukturen der Gesellschaft gleichzusetzen ist, damit, unorganisiert, staat- und machtfern zu sein und ohne Stimme in der Öffentlichkeit. (vgl. Seifert, Ruth: 1999, 48) „Eine wesentliche kulturelle Strategie enthüllt die Frage: Wer spricht über den Krieg? Obwohl Frauen von Kriegen – zwar nicht in derselben – aber in gleicher Weise betroffen sind wie Männer, sind sie in unserer Kultur nicht autorisiert über Krieg und Militär zu reden. Nach Kriegen wird ... männliche, nicht aber weibliche Kriegserfahrung in das kulturelle Gedächtnis aufgenommen." (ebenda: 48)

4.4. Geschlechterverhältnis und Militär

Verschiedene Studien haben gezeigt, dass parallel zu einem höheren Militarisierungsgrad ein höheres Gewaltniveau in den Familien und in der Gesellschaft insgesamt beobachtet werden kann. „Obwohl sich Streitkräfte und andere hochentwickelte industrielle Unternehmen immer ähnlicher werden, wird das Militär ausdrücklich auf Grundsätzen von Aggression und Gehorsam aufgebaut. Man kann also annehmen, daß einschlägige persönliche Identitätsmuster und Formen des zwischenmenschlichen und zwischengeschlechtlichen Verhaltens auf die Zivilgesellschaft übergreifen, wenn das Militär in der Gesellschaft einen hohen Stellenwert erhält." (Yuval-Davis, Nira:

1999, 33) Armeen praktizieren verschiedene Formen von Geschlechtermanagement, die die vitale Abhängigkeit der Streitkräfte von Männlichkeits- und Weiblichkeitsvorstellungen deutlich machen, militärisches Geschlechtermanagement ist geprägt durch Manipulationen von Weiblichkeit in Form diverser Konstruktionen soldatischer Sexualität, Militärprostitution, Konstruktion der Soldatenfamilie wie dem Ausweisen bestimmter militärischer Bereiche als männlich und weiblich. (vgl. Seifert, Ruth, 1999, 49) Astrid Albrecht-Heide unterscheidet acht Gründe, warum Frauen über die Geschichte hinweg für militärische Zwecke herangezogen wurden. Zentraler Grund sind immer wieder Rekrutierungsschwierigkeiten, im strategischen Gesamtkonzept militärischer Planung sind Frauen bei steigenden Personalanforderungen ein wesentlicher Faktor, Frauenrekrutierungen im Vorfeld von Kriegen haben auch die Funktion eines Stimmungsbarometers, an ihnen lässt sich zum Teil die negative militärpolitische Gesamtlage einschätzen, damit im Zusammenhang steht der qualitative Aspekt der Rekrutierung, der auf Frauen als Reservearmee aus Gründen der Verfügbarkeit, Kompetenz und Zuverlässigkeit zielt und die Rüstungsindustrie und rüstungsrelevante Industrie impliziert. Dazu kommen reale oder angenommene Kriegsgefahren, die bedingen, Frauen in militärische Aufgaben einzubeziehen, was wiederum Rückschlüsse auf die sicherheitspolitische Lage zulässt. Die Einführung neuer Militärtechnologien spielt weiters eine Rolle, da mit wachsender Technisierung Administration, Logistik und Infrastruktur im Vergleich zur Front an Bedeutung gewinnen. Die Technologieentwicklung bedingt zunehmende Integration von Frauen in die Streitkräfte, wobei neben Rekrutierungsschwierigkeiten und Partizipationsforderungen der Hinweis auf die moderne Kriegstechnologie zu den am häufigsten genannten Argumenten für den weiblichen Militärdienst gelten, dazu kommen als weiterer Grund mangelnde Truppenmoral, Disziplinprobleme und innermilitärische Oppositionsströmungen, zudem verstärkt in demokratischen Strukturen die Integration von Frauen die Legitimationsbasis für militärpolitische Entscheidungen. Weiters relevant ist eine nicht voraussehbar lange Kriegsdauer, lang andauernde Kriege und wachsender Bedarf an Kriegsmaterial werfen militärstrategische Probleme auf, die nur durch umfangreiche Einbeziehung von Frauen gelöst werden können, weiterer aber erheblich überstrapazierter Aspekt sind die Partizipationsansprüche gesellschaftlich diskriminierter Gruppen, Frauen eingeschlossen, wobei nicht die Frauen sondern die Militärstrategen entscheiden, ob dieses nachgeschobene Argument hilfreich ist oder nicht. (vgl. Albrecht-Heide, Astrid: 1990, 39ff) „Moderne nationalstaatliche Streitkräfte erfüllen zwei potentiell widersprüchliche Aufgaben. Sie dienen einerseits als Symbol nationaler Einheit und sind in Zeiten nationaler Krisen oder im Kriegsfall ein Kristallisationspunkt nationaler Bindung und patriotischer Gefühle. Auf der anderen Seite entwickelte sich das Militär zu einer modernen und effizienten Organisation, die auf die Perfektionierung der Fähigkeit ausgerichtet wurde, in effizienter und innovativer Weise Tod und Vernichtung zu bringen." (Yuval-Davis, Nira: 1999, 23) Nach der politischen Priorität einer Gesellschaft bestimmt sich Form und Einbindung von Frauen in den Militärdienst. In Befreiungskriegen und revolutionären Bewegungen dienen Frauen als Symbol für Befreiung und Modernisierung, sie werden ermutigt, sich aktiv am Militärdienst zu beteiligen, in den nationalen Streitkräften symbolisieren Frauen die nationale Kultur und Tradition, ihre militärischen Unterstützungsfunktionen werden streng kontrolliert. (vgl. ebenda: 24) HistorikerInnen sind sich weitgehend einig darüber, dass in der Geschichte der Nationalstaaten die Beziehung zwischen Frauen und Militär durch Unterordnung geprägt war, ebenso besteht Einigkeit darüber, dass Frauen in militärischer Organisation in weit größerem Ausmaß beteiligt waren, als dies allgemein angenommen wurde. „Nach der militärischen Revolution des 16. und 17. Jahrhunderts beginnt die weibliche Beteiligung allerdings zum Skandalon zu werden ... aus Empörung über die waffentragende, gewaltausübende Frau, die den weiblichen Sozialcharakter verletzt und sich gesellschaftliche Positionen anmaßt, die ihr im Rahmen der Ausdifferenzierung der Geschlechtercharaktere nicht zugestanden werden." (Seifert, Ruth: 1999, 44)

4.4.1. Männerbund Militär

„Das Militär ist neben den Kirchen eine der letzten Institutionen, in denen Männer ein nahezu unangefochtenes Monopol an Macht und Einfluß haben. In den westlichen Ländern weist die US-Armee mit einem Anteil von rund 12,5% den stärksten Frauenanteil auf. Damit liegt der Prozentsatz weiblicher Beteiligung deutlich unter der in der Organisationssoziologie geltenden magischen Marke von mindestens 15-20%, nach der eine Gruppe in einer Organisation als ‚integriert' angesehen werden kann." (Eifler, Christine/Seifert, Ruth: 1999, 7) „Die Streitkräfte sind nicht nur deswegen ein erstrangiger Kandidat für die Untersuchung von Männlichkeit, weil sie eine Institution sind, die überwiegend von Männern bevölkert ist, sondern auch, weil sie eine maßgebliche Institution für die Gestaltung von Männlichkeitsvorstellungen in der Gesellschaft darstellen." (Barrett, Frank J.: 1999, 71) In westlichen Kulturkreisen ist die Vorstellung, dass Männlichkeit und Militär zusammengehören, charakteristisch. Das in den Armeen sozialisierte Rollenbild des männlichen Erwachsenen wird wieder in die Gesellschaft zurückgetragen. (vgl. ebenda: 72) Frauenverachtung und Frauenhass ist ein wesentliches Merkmal von Männerbünden, die Negation des Weiblichen wird zum Zeichen von Männlichkeit, somit wird die Soldatin nicht primär als Konkurrenz betrachtet, vielmehr als Angriff auf die Männlichkeit. (vgl. dazu Schmölzer, Hilde: 1996, 165) Zentrales Symbol kriegerischer Männlichkeit ist die Waffe, auf die weibliche und sexualisierte Anteile projiziert werden, das Gebrauchen des Gewehrs, der Braut des Soldaten, impliziert erotische Konnotationen. Weibliche Soldaten stoßen auf heftige männliche Vorbehalte, der Widerstand, auf den Frauen wie bekennende homosexuelle Männer stoßen, findet in keinem anderen gesellschaftlichen Bereich eine Entsprechung, es gibt in

Armeen, die Frauen zugelassen haben, kaum Interesse, sie außerhalb weiblich definierter Bereiche anzusiedeln. (vgl. Seifert, Ruth: 1999, 57) „Das alles verweist auf die Bedeutung einer bestimmten Definition von Männlichkeit in der Aufrechterhaltung eines soldatischen Selbstverständnisses und der ‚corporate identity' von Soldaten und dokumentiert die Unruhe, die Frauen als Teil des staatlichen Militärapparates auszulösen imstande sind." (ebenda: 57) Der Zusammenhang zwischen der Friedensfrage und dem Geschlechterverhältnis tritt über die Männerphantasie von der Frau als der Friedlichen zutage, im männlichen Stereotyp kommt das Herrschaftsmoment zum Tragen, ein kämpferisches, im weiblichen Stereotyp eine untere nicht herrschaftsfähige Position. „Abgründig wird dies auf dem Hintergrund, daß in diese projektive Delegation in den unteren, nicht herrschaftsfähigen Bereich auch die ursprünglich männliche Phantasie von der Frau als friedlichen oder doch friedlicherem Geschlecht gehört." (Albrecht-Heide, Astrid: 1990, 45) Damit ist die Positionierung des Friedens bzw. der Friedensliebe eine unterdrückte und diskriminierte. Das Militär ist als Männlichkeitsmaschine zu begreifen, bedingt durch die Industrialisierung benötigt das Militär eine Männlichkeitsmaschine, eine Megamännlichkeit, die Militärs versuchen, über ihre männerbündischen Strukturen das gefährdete Männlichkeitskonstrukt wieder herzustellen. (vgl. ebenda: 46) Es gibt zahlreiche Beispiele für die industrialisierte, militärische Männlichkeit, die aufzeigen, „ ... daß das über das Militär mitproduzierte, wenn nicht produzierte polarisierte hierarchische Geschlechterverhältnis erotisch-nekrophil aufgeladen ist. Destruktionsliebe und -faszination, nicht Lieben zum Leben bestimmen diesen Kontext mit." (ebenda: 47)

4.4.2. Zurichtung des Mannes zum Krieger

„Ein System, das auf Herrschaft, Macht und daher Krieg beruht, muß die Menschen entsprechend zurichten, damit sie dieses System aufrechterhalten. Männer werden ‚kriegstauglich' gemacht, Frauen haben sie dabei zu unterstützen." (Schmölzer, Hilde: 1996, 163) „Die Entstehung des Helden, also jenes Mannes, dessen Ruhm und Ehre sich auf möglichst viele getötete Gegner, vergewaltigte oder geraubte Frauen und erbeuteten Reichtum gründet, fällt zusammen mit der Geburtsstunde des Patriarchats." (ebenda: 163) Der Heldenmythos nimmt seinen Werdegang ausgehend vom sumerischen und babylonischen Mythos, wurde ausgeformt im griechischen und römischen Mythos, weiter geprägt in den germanischen Heldensagen sowie der neuzeitlichen Kriegsliteratur und Kunst und Kultur der Gegenwart. (vgl. ebenda: 163) Der männliche Held hat den Eros besiegt, er bezieht Legitimation aus dem Kämpfen und Töten, auf Heraklit geht die Betrachtung des Krieges als Vater aller Dinge zurück, wurde damit zur gestaltenden Kraft erklärt, aus Zerstörung, Tod und unendlichem menschlichen Leid soll etwas Neues entstehen. (vgl. ebenda: 163) Die Streitkräfte sind eine vergeschlechtlichte Institution, die über Struktur, Praktiken, Werte und Rituale Vorstellungen von Männlichkeit und Weiblichkeit widerspiegeln. Indem sie zur Schaffung geschlechtsspezifischer Identitäten beitragen, sind sie eine geschlechtsbestimmende Institution, wobei Männlichkeit assoziiert wird mit Disziplin, Gehorsam, Willfährigkeit und Präzzesion, Ideale der ‚Härte', die ihre Bedeutung im Vergleich zu Definitionen von Weiblichkeit gewinnen, die, vehement als ‚anders' klassifiziert gleichgesetzt wird mit Disziplinlosigkeit, Wirrköpfigkeit, Emotionalität und Unzuverlässigkeit. (vgl. Barrett, Frank J.: 87f) Klaus Theweleit hat die Entstehung des soldatischen Körperpanzers anhand der Freikorpsliteratur der Zwischenkriegszeit und im Rahmen der Faschismusgenese beschrieben. Askese, Schmerz und schließlich Kampf werden unter enormen Druck einer psychologisch ausgeklügelten Dressur als Lusterleben gesetzt, da Schmerz das einzig zugelassene Lebens-Lustgefühl darstellt, ein brüchiges und fragmentierendes Ich schafft, das sich im Krieg bzw. Kampf als Ganzheit zusammensetzt, im Zerstören als Existenzweise nur empfinden kann, wobei sich der einzelne Soldat als Teil einer Ganzheitsmaschine, repräsentiert durch die Truppe wahrnimmt: Selbstzeugung und Selbstgeburt einer formierten Männlichkeitsorganisation, der Körperpanzer dient dem Schutz vor der Frau, ist gegen den Körper bzw. gegen die Körperlichkeit der Frau gerichtet, die als Entgrenzung gesetzt ist, somit gegen die Wunschproduktion des eigenen Unbewussten. (vgl. Theweleit, Klaus: 2000) „Der ‚neue Mensch', gezeugt aus dem vom Drill organisierten Kampf des alten Menschen gegen sich selbst, ist lediglich der Maschine verpflichtet, die ihn geboren hat. Er ist eine wirkliche Zeugung der Drillmaschine, gezeugt ohne Zuhilfenahme der Frau, ohne Eltern. Verbindungen, Beziehungen, hat er zu anderen Exemplaren des neuen Menschen, mit denen er sich zusammenfügen läßt zur Makromaschine Truppe. Alle anderen passen nur ‚unter', nicht neben, vor oder hinter ihn." (ebenda: 161) Chaim F. Shatan hat durch seine Arbeit mit US-Veteranen aus dem Vietnamkrieg eine ‚Psychodynamische Theorie des Kampfes' entwickelt, und teilt die psychische Umstrukturierung der Soldaten in drei Abschnitte, die Induktionsphase, Kampfsituation und Rückkehr aus dem Krieg. „Die militärische Enklave in unserer Mitte hat tiefverankerte politische, gesellschaftliche und wirtschaftliche Wurzeln und Funktionen. Millionen junger Männer müssen sich in ihrer späten Adoleszenz über längere Zeit einer militärischen Grundausbildung unterziehen. Die unvorstellbare Zwangsgewalt des Militärapparats verändert das psycho-soziale Umfeld unzähliger junger Männer in einem Ausmaß, das sich niemand vorstellen kann, der es nicht selbst erlebt hat." (Shatan, F. Chaim: 1990, 126) Die Grundausbildung stellt eine massive Einmischung in jene sozialen Prozesse dar, durch die Werte und Charakter eines jungen Menschen vermittelt werden. „Macht wird den Rekruten und Jungmännern mit Hilfe der tyrannischen Beziehungsstrukturen in der Grundausbildung vermittelt. Während man ihre Gefühle abstumpft, bringt man ihnen bei, Unbekannte mit kindlichem Enthusiasmus zu töten. Gleichzeitig verändert das Militär auch Mann-Frau-Beziehungen radikal." (ebenda: 128) Die Rekruten identifizieren sich mit ihrem Aggressor, im Prozess der Entindividualisierung erhalten sie das Gefühl kollektiver Stärke als

Truppe, als Teil der symbiotischen Kampfeinheit, deren Überleben wichtiger ist als jenes des Einzelnen, schrittweise Gewöhnung an Leid und Erniedrigung fördert Abhängigkeit und Verlust des Selbstwertgefühls sowie Unterwerfung. „Wenn es gesellschaftlich geduldet ist, anderen Schaden zuzufügen, führt dies letztendlich zu Greueltaten. Die Verantwortung für Gewalt gegen Menschen wird so über die Befehlskette verteilt, daß sie schließlich vollständig verwischt erscheint." (ebenda: 128) Wesentlich ist die Ausgrenzung von Frauen während der Ausbildung. „Gewalt wird legitimiert und erotisiert, als Teil des falschen männlichen Selbstbildes in Zusammenhang mit sadomasochistischen sexuellen Phantasien. Der Sexualtrieb wird in den Dienst des Tötungsgeschäfts gestellt. Der Spieß deutet zuerst auf seine Waffe, dann auf seine Genitalien und singt: ‚This is your weapon, this is your gun. One is for killing, one is for fun.' ... Automatische Feuerwaffen werden mit außergewöhnlichen sexuellen Kräften ausgestattet." (ebenda: 130) Häufig praktiziertes Verhalten ist es, das Gewehr mit ins Bett zu nehmen, zur Kanalisierung der erotischen Energie zur Konstitution eines kriegerischen Männlichkeitsmythos. (vgl. Voss, Tobias: 1988, 51) Die Realitäten des Soldaten werden transformiert. Die zivile Realität wird durch eine militärische ersetzt, wodurch eine paranoide Kämpferhaltung entsteht, alle Erfahrungen werden durch ein militärisches Realitätsprinzip gefiltert, durch die symbiotische Einheit. (vgl. Shatan, F. Chaim: 1990, 130) Da die Ausbildung die Rekruten zu Rohmaterial reduziert, fällt es ihnen leichter, ihre Opfer wiederum als Rohmaterial zu sehen, als Untermenschen. Im Fronteinsatz ist das Leben von Terror, Gegenterror und einer Atmosphäre der Entmenschlichung bestimmt. Von der menschlichen Realität abgeschnitten, bei Empfindungen ohne Moralempfinden und Halt, ständigem Handlungsdruck ausgesetzt, Befehlsgehorsam, Rachegelüsten für gefallene Kameraden, konstituieren sich die Bedingungen, die Schritt für Schritt in Richtung Massaker führen, die somit zu den Prinzipien der Kriegsrealität zählen. (vgl. ebenda: 132f) Da das Militär Feinde benötigt, ist es eine seiner Haupteigenschaften, Feinde zu schaffen, die deutliche Spaltung, die Kriegs- und Ausbildungsrituale produzieren ist die in wir gegen sie, die Schaffung des Feindes impliziert drei Elemente, Dehumanisierung, Aggression und Zusammenhalt. Infolge der Dehumanisierung werden dem Feind alle möglichen abstoßenden und widerlichen Eigenschaften zugeschrieben, sodass er weniger menschlich erscheint, die Aggressivität, die sich gegen den Feind richtet, ist gesellschaftlich geduldet, nicht sanktioniert, die Gruppenidentität wird gestärkt, Spannungen in der eigenen Gruppe auf den Feind als Aggressionsziel gerichtet. (vgl. ebenda: 137f) „Diese Geburt zum neuen, automatisch funktionierenden und von jeder Gefühlsregung freien Menschen muß nicht nur schwerer körperlicher Drill und eine Brutalisierung des Geistes vorausgehen, sondern sie wird auch nur möglich auf der Grundlage einer systematischen Verächtlichmachung alles Weiblichen. In der amerikanischen Armee werden körperliche Schwäche ebenso wie normales menschliches Empfinden lächerlich gemacht mit Ausdrücken wie: ‚sweetie, ladies, girls und pussies'." (Schmölzer, Hilde: 1996, 170) Die rigide Abwertung des

Weiblichen im Militär wäre ohne generelle Abwertung des Weiblichen in der Gesellschaft nicht möglich, sie kommt etwa in Pornographie und Prostitution zum Ausdruck, die das Weiblichkeitsbild des soldatischen Mannes bestimmt, während die verklärte Ehefrau, die es zu schützen gilt, die Legitimation zu Kampf und Töten liefert. (vgl. ebenda: 170f)

4.4.3. Kulturbilder – Körperbilder

Geschlecht ist an Körperlichkeit gebunden und wird solchermaßen handelnd dargestellt, kulturell bedeutet und erfahren, Kriege sind über Töten und Verletzen unmittelbar mit Körperlichkeit verknüpft, arbeiten mit Körperlichkeit, u.a. über die Metapher männlicher Schutzfähigkeit und weiblicher Verletzbarkeit. Deutlich zeigen sich Weiblichkeitsbilder in Nachkriegsordnungen, die Frauen als verletzlich darstellen und Männer überlegen und stark, die von der realen sozialen Rolle von Männern und Frauen in Kriegssituationen abstrahieren. (vgl. Eifler, Christine: 1999, 157f) „Gerade vor diesem Hintergrund müssen die Weiblichkeitskonstruktionen in der Nachkriegszeit als Teil der Re-Formierung der hierarchischen Struktur des Geschlechterverhältnisses und der Herstellung sozialer Ordnung gesehen werden." (ebenda: 158) Nach Elaine Scarry wird Kultur über körperliche Erfahrung geschaffen, Kultur als ein Werk menschlicher Verletzbarkeit und als erfinderischer Einspruch dagegen betrachtet, wobei körperlicher Schmerz die Sprache zerstört, nicht kommunizierbar ist und sich sprachlicher Objektivierbarkeit widersetzt, sowie in seiner politischen Inanspruchnahme eine Umdeutung im Wahrnehmungsprozess erfährt, im Krieg wird das Ziel der größtmöglichen Schadenszufügung verschwiegen und von nationalen, ethnischen, ökonomischen u.a. Begründungen überlagert. (vgl. ebenda: 159) Das Ziel der Zerstörung der gegnerischen Kultur impliziert die Zerstörung der kulturellen Identität des Körpers, der nach Scarry auch den Staat kulturell repräsentiert, Krieg zielt auf die Körper, materielle Kultur und Bewusstseinsinhalte. „Militärische Gewalt ist in der Moderne also stets im besonderen Maße auf die Zivilbevölkerung gerichtet und auf deren Zivilisationsprozeß." (ebenda: 160) Im Prozess der kulturellen Zerstörung kommt Frauen ein zentraler Stellenwert zu, da Frauen in Kriegszeiten Familie und Gemeinschaft zusammenhalten, somit den gemeinschaftlichen Zusammenhalt repräsentieren. „In Nachkriegszeiten wird dieser Anteil von Frauen an der Aufrechterhaltung des öffentlichen Lebens im Krieg nur selten anerkannt. Die Opfer sexueller Gewalt verschwinden aus dem öffentlichen Gedächtnis. Dieses Verschwinden ist Teil der ‚Um-Schrift' wesentlicher Sachverhalte des Krieges und Teil des sich entwickelnden Diskurses über den Krieg." (ebenda: 160) Das Körperverständnis in Kriegen ist dadurch geprägt, dass nicht konkrete Menschen mit Verwundungen und Schmerzen sichtbar werden, sondern gesichtslose und schematisierte Vorgänge im Vordergrund stehen, wodurch der Eindruck entsteht, für das Ergebnis eines Krieges ist nicht der Einzelne von Bedeutung, sondern das Wirken von

Armeen und Völkern als kämpfender Überkörper. Verletzungen werden in einen imaginären Körper verschoben, die Verwundung erscheint als eine imaginäre in einem imaginären Körper, so scheinen vergewaltigte Frauen nicht mit ihren Verletzungen, körperlichen Schmerzen als Opfer sexueller Gewalt auf, und somit nicht als Opfer in einem machtungleichen Verhältnis zwischen den Geschlechtern. (vgl. ebenda: 179f)

4.5. sexuelle Gewalt gegen Frauen

Nach dem Bericht von Amnesty International 1995 sterben täglich mehr Frauen und Mädchen an den Folgen geschlechtsspezifischer Diskriminierung und Gewalt als an sonstigen Menschenrechtsverletzungen. (vgl. Schmölzer, Hilde: 1996, 229ff)

4.5.1. sexuelle Gewalt in Zeiten negativen Friedens

Gerda Lerner analysierte, dass Männer zuerst ihre eigenen Frauen unterworfen haben, dann Frauen besiegter Völker versklavt und schließlich Männer in die Sklaverei gezwungen haben. (vgl. Lerner, Gerda: 1991) Frauen wurden jedoch zusätzlich zu Arbeitssklavinnen auch Sexualsklavinnen, wobei die Entehrung mit jener des Mannes gekoppelt ist, da in patriarchalen Gesellschaften Vergewaltigung ein Eigentumsdelikt gegen den Mann darstellt, die frühe Versklavung der Frau führte zu ihrer Minderbewertung und Instrumentalisierung im Interesse männlicher Macht- und Herrschaftsverhältnisse. Sexuelle Ausbeutung der farbigen Frau war erklärtes Ziel europäischer Kolonialherren, der internationale Frauenhandel erlebt heute eine neue Blüte. (vgl. Schmölzer, Hilde: 1996, 64f) Die Ursachenforschung zu sexueller Gewalt belegt mittlerweile, dass sexuelle Gewalt gegen Frauen nicht fehlgeleitete Sexualität darstellt, sondern dass es sich um „ ... eine Form von Gewalt, die mittels sexueller bzw. sexualisierter Handlungen ausgeübt wird" handelt. (Grabner, Kerstin/Sprung, Annette: 1999, 162) Alexandra Stiglmayer hat in ihrer Untersuchung zum Stellenwert von Vergewaltigung in Gesellschaften jene Gesellschaften als vergewaltigungsarm kategorisiert, in denen die männliche Vormachtstellung vollständig abgesichert ist, etwa in den meisten islamischen Staaten und in Gesellschaften, in denen Frauen Anerkennung und einen respektablen Status in der jeweiligen Kultur innehaben, etwa in manchen egalitären Stammesgemeinschaften. Als vergewaltigungslastig gelten jene Gesellschaften, in denen männliche Macht instabil geworden ist, Frauen einen untergeordneten Status innehaben und gering geschätzt werden, in Gesellschaften, die eine rigide Definition von ‚weiblich' und ‚männlich' haben, verbunden mit starken Vormachtstellungen. „Zu den vergewaltigungslastigen Gesellschaften zählen nahezu alle modernen westlichen Gemeinschaften. Als treffendes Beispiel wird die USA mit ihrer historisch starken Frauenbewegung und einer entsprechenden Labilität männlicher Machtstellung angeführt.

Vergewaltigungen steigen in den USA stetig an und waren zum Zeitpunkt der Untersuchung bereits das häufigste Gewaltdelikt des Landes." (ebenda: 164)

4.5.2. sexuelle Gewalt im Krieg

Systematische sexuelle Übergriffe gegen Frauen sind systematische Männergewalt, die auf kultureller Missachtung von Frauen fußt. (vgl. Eifler, Christine: 1999, 180) Raketen und Bomben haben die Phallusform. In zahlreichen größeren Städten stehen Denkmäler in Phallusform, die am besten sichtbarsten Denkmäler sind Männern der Gewalt, Männern auf dem Pferd gewidmet. (vgl. Galtung, Johan: 1998, 89ff) Sexuelle Gewalt gegen Frauen, verübt in allen Kriegen, wird verschwiegen, bestritten oder gezielt thematisiert. (vgl. Grabner, Kerstin/Sprung, Annette: 1999, 165) Erstmals im Rahmen der psychologischen Kriegsführung breit öffentlich diskutiert wurde Vergewaltigung im Ersten Weltkrieg nach dem Einmarsch deutscher Truppen in Belgien 1914, es wurde ein Bild von den Deutschen als Barbaren schlechthin gezeichnet und damit die Kriegsdynamik verstärkt, 1971 empörte sich die Weltöffentlichkeit über sexuelle Gewalt im Krieg, als die Medien über die Übergriffe pakistanischer Soldaten gegen bengalische Frauen im Krieg um Bangladesch berichteten, diskutiert wurden in Folge Thematiken wie Schwangerschaft, Krankheiten, Abtreibung, Kindestötung und Selbstmord, es gab viele Aufrufe zur Hilfeleistung, dokumentiert ist sexuelle Gewalt auch im Rahmen der sogenannten Friedenseinsätze, 1996 wurden Photos von italienischen UNO-Soldaten bei Gruppenvergewaltigungen während des Somalia-Einsatzes veröffentlicht, ähnliche Vorwürfe liegen auch aus Bosnien, Kambodscha und Mozambique vor. (vgl. ebenda: 164ff)

4.5.3. Funktionen von sexueller Gewalt im Krieg

Zahlreichen Frauen die im Krieg gefoltert, vergewaltigt, ermordet werden, werden auf grausame Art und Weise die Geschlechtsteile verstümmelt, Militärs setzen pornographische Darstellungen ein, in denen die Erniedrigung der Frau unmittelbar, in sadistischer und hasserfüllter Weise stattfindet. (vgl. Schmölzer, Hilde: 1996, 171ff) Vergewaltigung ist Teil des Kriegsalltags, normale Begleiterscheinung jedes Krieges. Bereits im IV. Haager Abkommen aus dem Jahr 1907 wurde festgeschrieben, dass „meuchlerische Tötung oder Verwundung von Angehörigen des feindlichen Volkes oder Heeres" verboten und „die Ehre und die Rechte der Familie, das Leben der Bürger und das Privateigentum sowie die religiösen Überzeugungen zu achten" sind. (ebenda: 207) Als das humanitäre Völkerrecht 1977 an die veränderten Arten der Kriegstechnologien und der Kriegsführung angepasst wurde, wurde festgeschrieben, „ ... daß Folter jeder Art, entwürdigende und erniedrigende Behandlung, Vergewaltigung, Nötigung zur Prostitution und unzüchtige Handlungen jeder Art verboten sind."

(ebenda: 207) Die Regeln des humanitären Völkerrechts wurden in allen Kriegen davor und danach verletzt, da sie der dem Krieg immanenten Logik widersprechen. (vgl. ebenda: 207) In den Diskussionen um Vergewaltigung im Krieg spiegeln sich Dimensionen von männlicher Selbstaufwertung, Frauenverachtung, biologistischen Grundannahmen und machtpolitischen Kalkülen wieder, sie zeigen das Verhältnis des Stellenwertes der körperlichen Unversehrtheit der Frauen zu den politischen Kategorien moralischer Überlegenheit, gesellschaftlicher Orientierung, Schuldfrage und Verbündetenpolitik. (vgl. Eifler, Christine: 1999, 170f) Vergewaltigung, im Krieg als Mittel eingesetzt, erfüllt mehrere Ziele bzw. Zwecke die sich m.E. folgend typisierend gliedern lassen: 1. Frauenfeindlichkeit und Frauenhass, die ihre Basis in Zeiten negativen Friedens haben: Beispiele dafür sind pornographische Gewaltdarstellungen und im breiteren Kontext kulturell und strukturell verankerte Gewalt gegen Frauen in patriarchalen Gesellschaften. 2. Bestätigung der im Militär gestärkten Vorstellung von Männlichkeit: über die integralen Bestandteile der Männlichkeitsvorstellungen von Macht, Gewaltmonopol, Herrschaft, Erotik und Heterosexualität wird Gewalt und Erotik miteinander verknüpft. 3. Belohnung für die Soldaten: die Sieger haben sich eine Beute verdient, die Frau ist der Lohn für erlittene Strapazen und Kampf. 4. Hebung der Kampfmoral der eigenen Truppen. 5. Aufbau bzw. Wiederherstellung männlichen Selbstbewusstseins: das männliche Selbstbewusstsein baut sich an der Erniedrigung und Demütigung der Frau auf, an der Frau entschädigt sich der Soldat für eigene erlittene Erniedrigung, nimmt Rache und kostet den Triumph aus. 6. Beitrag zur Zerstörung der gegnerischen Kultur: systematische Vergewaltigung bezeichnet den weiblichen Körper als Projektion des ‚Volkskörpers', seine sexuelle Besetzung ist Symbol für die militärische Niederlage, die Entehrung der Frau wird zur symbolischen Kastration der Männer, zum Symbol der Zugehörigkeit zu einer nicht schutzfähigen Gemeinschaft, wodurch Frauenkörper nach Ruth Seifert zu Orten des Austauschs männlicher Botschaften werden. Berichte aus dem Krieg im ehemaligen Jugoslawien können im Sinne der Kommunikationsfunktion interpretiert werden, da Soldaten Frauen oft im Beisein ihrer Männer bzw. Ehemänner vergewaltigten, viele der Frauen, die in Folge schwanger wurden, wurden bis zum sechsten Schwangerschaftsmonat und darüber hinaus festgehalten und anschließend in Bussen, die zynische Bemerkungen trugen, die als Botschaft für die gegnerischen Männer gedacht waren, in ihre Herkunftsorte zurückgeschickt. 7. Instrumentalisierung der Frau zum Zweck der Greuelberichterstattung: Vergewaltigung hat propagandistischen Wert. 8. gezielte Demütigung, Entehrung und Schwächung des Gegners: Vergewaltigung ist symbolisch ein Verbrechen an der Nation, am Staat, die Philosophin Kathrin Heinzel spricht vom Besitz des weiblichen Körpers als Metapher für die Eroberung von Land.

4.5.4. Umgang mit Opfern sexueller Gewalt

Im Bürgerkrieg im ehemaligen Jugoslawien wurde das Thema Massenvergewaltigung Teil der Greuelberichterstattung, die sich im NATO-Angriffskrieg gegen Serbien fortsetzte.

Während jene Staaten, Militärs, Männer sich entehrt, ihres Eigentums beraubt fühlen, werden die Opfer, die Frauen, zusätzlich zu dem zugefügten Trauma noch schuldig gesprochen, haben an ihrer Schande zu tragen. Frauen werden Opfer, in jedem Krieg und dabei mehrfach im Interesse der kriegsführenden Parteien instrumentalisiert, während sie in ihren unmittelbaren Lebensbezügen noch einmal zum Opfer werden, sie tragen die Schande, die Verantwortung und riskieren den Verlust ihrer sozialen Netzwerke. (vgl. Grabner, Kerstin/Sprung, Annette: 1999, 172) Im Bosnien-Krieg wurde dies im Rahmen der Diskussion um die sog. Vergewaltigungslager sichtbar. „Während die Einrichtung dieser Lager von seiten der westlichen Staatengemeinschaft als Akt besonderer Unmenschlichkeit angeprangert wurde, verweigerte man im gleichen Atemzug den betroffenen Frauen die Anerkennung von Vergewaltigung als Asylrechtsgrund, verweigerte man Hilfseinrichtungen Gelder mit der Begründung, es könne sich um nationalistische Organisationen handeln ..." (ebenda: 172)

4.5.5. Prostitution, Militärbordelle und Frauenhandel

Prostitution und Militärbordelle sollen „ ... die Soldaten bei Laune und wehrfähig halten". (Schmölzer, Hilde: 1996, 208) Die Einrichtung von Militärbordellen ist normale Begleiterscheinung kriegsführender Armeen, breiter öffentlich diskutiert wurden die Militärbordelle der US-amerikanischen Armee in Vietnam oder der deutschen Wehrmacht während des Zweiten Weltkrieges. „Dieser Männlichkeitswahn, der sich an vergewaltigten Frauen aufbauen muß, wird auch durch die Existenz von Militärbordellen nicht abgeschafft." (ebenda: 216) So wurden etwa im Asien-Pazifik-Krieg zwischen 1937 und 1945 koreanische und philippinische Frauen in Militärbordelle verschleppt, sie wurden als ‚Comfort Women' für japanische Soldaten bezeichnet, 1993 klagten die inzwischen etwa 70jährigen Frauen die japanische Armee an, um rückwirkend Anerkennung als Kriegsopfer und Entschädigung einzufordern, im Frühjahr 1998 wurde drei der Klägerinnen von der japanischen Gerichtsbarkeit Schadenersatz zuerkannt, der Forderung nach einer offiziellen Entschuldigung von Regierungsseite gab das Gericht nicht statt. (vgl. Grabner, Kerstin/Sprung, Annette: 1999, 167)

4.6. Zuarbeit von Frauen zum Krieg

Zunächst gilt es zwischen der Beteiligung der Frauen an irregulären Verbänden und in Befreiungskämpfen sowie ihrer Position in den nationalen Streitkräften zu unterscheiden. Die Konstruktion des Mannes als Krieger ist beinahe universal, die Abbildung der kämpfenden Frau wird oft benutzt, um die Widernatürlichkeit dessen zu betonen. Wenn es einen gesellschaftlichen Konsens über die Beteiligung der Frauen am Kampf gab, versuchte man das Bild der Kämpferin den allgemeinen jeweiligen Vorstellungen von Männlichkeit und Weiblichkeit anzupassen, im Militär ist die geschlechtsspezifische Arbeitsteilung stärker forciert und ungebrochener durchgehalten worden als im zivilen Bereich. (vgl. Yuval-Davis, Nira: 1999, 17ff) Besteht eine Trennung zwischen Front und Etappe und „akkumuliert eine Gesellschaft genügend Mehrwert, um einen Krieg und die Abwesenheit der Krieger von der ‚Heimatfront' verkraften zu können, so entwickelte sich in den militärischen Organisationen ... eine routinemäßige Arbeitsteilung zwischen Männern und Frauen." (ebenda: 20) Kriegsheldinnen sind dazu die Ausnahme. Die militärischen Rollenangebote an Frauen knüpfen zunächst an die weiblichen Stereotypen an. Die Zuarbeit von Frauen zum Militär bezeichnet Astrid Albrecht-Heide als kolonisiert und selbstkolonisiert. Das Bild einer Kolonie heranziehend sind Frauen im hierarchisch-dualistischen Geschlechterverhältnis kolonisiert, das bestimmt die Rollenangebote an sie – Frauen können Söldnerinnen und Kollaborateurinnen, Assistentinnen, Claqueurinnen und hegende und pflegende Florence-Nightingales und Widerständige sein, die auf fünf Beziehungsebenen betrachtet werden können, als Mütter, Ehefrauen und Partnerinnen von Soldaten sind sie Produzentinnen und Reproduzentinnen militärischer Arbeitskraft, als den vom Krieg heimkehrenden Soldaten Zujubelnde sind sie Gewalt-Claqueurinnen, auf der zweiten Beziehungsebene sind Frauen zivile Mitarbeiterinnen des Militärs und als solche Gewalt-Assistentinnen, auf der dritten Beziehungsebene sind sie Mitarbeiterinnen der Rüstungsindustrie, damit wird, eingeholt über Verteidigungsauftrag und Sicherheitskonzept aus Gewaltassistenz Gewalttäterinnenschaft. Auf der vierten Beziehungsebene dienen Frauen und Kinder als ideologisches Verteidigungsmotiv, Frauen leisten geistig-ideologische Kollaboration, solange sie dem Verteidigungsauftrag nicht widersprechen. Die fünfte Beziehungsebene betrifft Frauen als Soldatinnen. (vgl. Albrecht-Heide, Astrid: 1990, 48ff)

4.6.1. Einbindung der Frauen in den verschiedenen Militärs

Frauen waren immer schon integraler Bestandteil des militärischen Lebens, ihre offizielle Zulassung als Soldatinnen stößt auf Vorurteile und Ängste, obgleich Streitkräfte die geschlechtsspezifische Arbeitsteilung des zivilen Arbeitsmarkts widerspiegeln, nur wenige Frauen sind mit spezifisch militärischen Aufgaben, mit Kämpfen und Töten betraut. Wenn es die Funktion des Militärs ist, Männlichkeit zu repräsentieren, wird es schwierig, Frauen und die Konzeption von Weiblichkeit in diese Strukturen einzufügen. (vgl. Yuval-Davis, Nira: 1999, 27) Frauen haben in keiner Armee gleichen Zugang zu militärischen Verwendungen, militärische Aufgaben werden danach definiert, ob sie ausschließlich von Männern oder auch von Frauen ausgeführt werden, die Einbindung von Frauen bedeutet eine Erweiterung der militärischen und/oder wirtschaftlichen Front, in der Frauen als Männerersatz dienen, solange die Auflösung von Geschlechterrollen ein Produkt von Notfällen wie Revolution oder Krieg ist, wird sich immer wieder die geschlechtsspezifische Arbeitsteilung durchsetzen. (vgl. ebenda: 266ff) In Israel werden Frauen fälschlicherweise als in das Militär integriert bezeichnet, die israelische Armee verfolgt ungeachtet der Einbeziehung über die nationale Wehrpflicht eine rigide Geschlechtertrennung, die Frauen der ‚Zahal' haben typisch weibliche Aufgabenbereiche inne, insbesonders in der Verwaltung, in Pflegediensten und in Lehr- und Unterstützungsbereichen, Frauen sind nicht in die Kampfeinheiten einbezogen. (vgl. Eifler, Christine/Seifert, Ruth: 1999, 12) Das Women's Corps trägt die Bezeichnung ‚Khen', das bedeutet ‚Charme', die Aufgaben des ‚Khen' liegen darin, die Moral der Truppe zu erhöhen und Soldaten einzelner Truppenteile zu betreuen. (Yuval-Davis, Nira: 1999, 28) Zur Grundausbildung gehört auch ein Kurs in Kosmetik, der Militärdienst für Frauen ist um 4-6 Monate kürzer als für Männer, Frauen sind vom Militärdienst entbunden, wenn sie das Alter von 24 Jahren erreicht haben oder schwanger werden. Weniger als 10% des Personals sind Berufssoldatinnen, und diese sind vor allem in den unteren Rängen zu finden. Die Befehlsgewalt der Offizierinnen ist ausschließlich auf Grundausbildung und Disziplinargewalt des Chen begrenzt. „Die Betonung des femininen Wesens weiblicher Soldaten trägt dazu bei, diese in eine Position der Unterlegenheit gegenüber den männlichen Soldaten zu drängen. Ihre Anwesenheit soll maßgeblich dazu dienen, das Leben der männlichen Soldaten angenehmer zu machen und den Militärdienst zu humanisieren." (ebenda: 272) Die Aufgaben der Soldatinnen in der Zahal sind definiert als Stärkung der Kampfkraft durch Erfüllung administrativer und professioneller Aufgaben und Hilfstätigkeiten, um männliche Soldaten zu entlasten, Frauen sollen sich selbst verteidigen und ihr Zuhause schützen können und in die sicherheitspolitischen Anstrengungen Israels eingebunden sein, die israelische Armee besitzt hohe Legitimität in der Bevölkerung, infolge der ständigen militärischen Konfrontation und der Kleinheit des Landes liegt ein kontinuierlicher Austausch von Zivilgesellschaft und Armee vor, die symbolische Identifizierung von Volk und Staat mit der Armee ist wesentlicher Bestandteil zur Konsolidierung des nationalen Konsens. Daher ist der wichtigste Inklusionsfaktor die nationale bzw. ethnische Zugehörigkeit. 100% der Frauen und die große Mehrheit der Männer, die der israelischen Armee angehören sind jüdischer Zugehörigkeit. Die von der Armee beschäftigten Frauen sind hauptsächlich gebildete jüdische Frauen, arme und andersgläubige Frauen sind nicht anzutreffen. (vgl. ebenda: 270ff) „Die israelische Armee ist keineswegs ein Ort der

Gleichheit, sondern pflegt einen Gender-Diskurs, der, wie insbesondere israelische BeobachterInnen feststellten, Frauen als subaltern, schutzbedürftig, dienend und für die Belange des Staates überflüssig darstellt." (Eifler, Christine/Seifert, Ruth: 1999, 12) Die israelische Armee rekrutierte als erste Frauen per Landesgesetz. „Die israelische Erfahrung legt nahe, daß die Integration von Frauen in die Streitkräfte zwar den Charakter weiblicher Unterordnung verändert, diese Unterordnung aber nicht aufhebt. Die Aufnahme in die Streitkräfte führte nicht automatisch zur Gleichstellung oder zu einer Erhöhung des Machtpotentials von Frauen in anderen gesellschaftlichen Bereichen. ... Im Gegenteil: im Rahmen der extrem hierarchischen und bürokratischen Maschinerie moderner Streitkräfte kann, wie das israelische Beispiel zeigt, die Differenzierung zwischen den Geschlechtern sogar noch stärker und nachhaltiger institutionalisiert werden als auf dem zivilen Arbeitsmarkt." (Yuval-Davis, Nira: 1999, 265) In den USA wurde die Integration von Frauen in die Armee lange Zeit durch die sog. ‚Kampfausschlußklausel' begleitet, begründet über die Schutzbedürftigkeit der Frauen. Argumentiert wird in der US-amerikanischen Armee, dass Frauen in männlich-militärischen Primärgruppen die Kohäsion unter Männern empfindlich stören, die besondere emotionale Bindung in Männergruppen, in der ausschließlich Männlichkeit, das sog. ‚male-bonding' die entscheidende Rolle spielt, und damit die militärische Effektivität beeinträchtigen. (vgl. Eifler, Christine/Seifert, Ruth: 1999, 12f) Erst unter der Regierung Clinton wurde über ein komplexes Prozedere die Zulassung von Frauen zu den Kampftruppen mit Ausnahme von Infanterie und U-Booteinsätzen beschlossen, wobei die Konstruktion weiblicher Positionen im Militär auf ideologischen Konstruktionen von Weiblichkeit und Männlichkeit beruht und weniger auf Schwierigkeiten bei der Einbeziehung von Frauen in Gefechtsaufgaben in einem hochtechnisierten Militär. Wesentlich für die Zulassung von Frauen zu den Streitkräften war, eine massenhafte Mobilisierung gegen den Krieg, wie es im Vietnam-Krieg der Fall gewesen ist, zukünftig zu verhindern, d.h. eine breite Legitimationsbasis für Krieg und Militär, sowie für die Umstrukturierung in ein Berufsheer, zu schaffen. Die Rekrutierung von Frauen wurde 1973 ausgedehnt, als viele EntscheidungsträgerInnen prognostizierten, dass eine Berufsarmee bald eine schwarze Armee sein würde, da diese Gruppe auf dem Arbeitsmarkt geringe Möglichkeiten hat. Entscheidungen auf der Grundlage rassistischer und sexistischer Überlegungen sind in Streitkräften weit verbreitet. (vgl. Yuval-Davis, Nira: 1999, 24) In gemischten Truppen ist das Problem sexueller Belästigung sehr brisant, getrennte Frauenkorps werden von Frauen als sichere und angenehme Umgebung erlebt, gesonderte Fraueneinheiten erfüllen aber auch die Funktion, männlichen Soldaten eine bedrohliche Präsenz weiblicher Soldaten zu ersparen und sie gegen Ängste abzusichern, da weibliche Soldaten oft als kastrierend wahrgenommen werden. (vgl. ebenda: 25ff)

4.6.2. Soldatinnen

„Die bloße Kombination von Frauen und Militär scheint für viele eine kulturell ungewöhnliche und beunruhigende Kombination von diskursiven Feldern zu sein. ... Die Soldatin stellt einen besonderen Zusammenbau von Staat, Nation und Weiblichkeit sowie von organisierter Gewalt und Weiblichkeit dar und verleiht den Topoi des ‚selbstlosen Opfers' und des ‚Dienstes an der Nation' ... eine besondere Konnotation." (Enloe, Cynthia: 1999, 248f) Frauen ziehen zwar mit derselben Begeisterung in den Krieg wie Männer, lernen die Strapazen auszuhalten, das Töten, doch gibt es tiefe Unterschiede: Es fehlt die Betonung des Heldentums, der Kult, mit dem Krieg als die lebensregenerierende Kraft gefeiert wird, Frauen ziehen nicht für Ruhm und Ehre in den Krieg, sondern weil sie es als notwendig empfinden. (vgl. Schmölzer, Hilde: 1996, 187f) Soldatinnen werden von Astrid Albrecht-Heide als Söldnerinnen des Patriarchats bezeichnet. „Wenn ich den historisch-systematischen Zusammenhang von Nationalstaat und männlichen Gewaltmonopol ernstnehme, sind sie in fremden Interesse tätig." (Albrecht-Heide, Astrid: 1990, 50) Eines der wichtigsten Motive für Frauen, in die Streitkräfte einzutreten besteht darin, physisch und emotional stärker zu werden, ein weiterer Grund besteht darin, in wirtschaftlicher und persönlicher Hinsicht zu profitieren und dem Kollektiv einen Dienst zu erweisen. (vgl. Yuval-Davis, Nira: 1999, 30) „Viele Frauen, die in die Streitkräfte eintraten, suchten ganz bewußt nach Arbeitsplätzen als Verwaltungsbeamtinnen, Computertechnikerinnen, Krankenschwestern und Ernährungsfrauen – Arbeitsplätzen also, die zwar militarisiert waren, aber die Männlichkeit des amerikanischen Soldatentums nicht erschütterten." (Enloe, Cynthia: 1999, 256) Während des Golfkrieges II wurde ein Image der Soldatin als professionalisierte, militarisierte high-tech Patriotin geschaffen. Die ideale amerikanische Soldatin der 90iger Jahre wird präsentiert als Bürgerin erster Klasse, attraktiv und ernsthaft. (vgl. ebenda: 261f)

4.6.3. Frauen in Kampftruppen

Frauen sind in den kanadischen, britischen und amerikanischen Streitkräften zu Kampftruppen zugelassen, anhand der sozialpsychologischen Theorie des ‚Tokenism' lässt sich belegen, dass dabei nicht von Integration gesprochen werden kann. ‚Tokenism' bezeichnet zunächst das Zahlenverhältnis, liegt in einer Organisation der Anteil einer Gruppe bei oder unter 15%, ist diese nicht als integriert zu bezeichnen, ‚Tokenism' bezeichnet eine Institution, eine Form formalisierter Aktivitäten, die entwickelt werden um ein System an den Druck von außen anzupassen, am wahrscheinlichsten dort anzutreffen, wo eine herrschende Gruppe unter Druck steht, Privilegien und Macht mit einer bislang ausgeschlossenen Gruppe zu teilen. (vgl. Cnossen, Christine: 1999, 232f) Von verschiedenen Autorinnen wie Cynthia Enloe, Ruth Roach Pierson und

Gloria Steinem, sind Streitkräfte als eine von Männern beherrschte, androzentrische Institution beschrieben worden. Bestätigt wird diese Einschätzung dadurch, dass es Richtlinien und Regulative gibt, die die Aufnahme von Frauen in Kampftruppen begrenzen oder verbieten, nur wenige Frauen entsprechen den physischen Tauglichkeitsanforderungen, wobei die Tauglichkeitsnormen für Frauen nicht modifiziert wurden. Die ‚Token' werden zahlenmäßig begrenzt, ihre soziale Mobilität wird quantitativ und qualitativ stark eingeschränkt, und sie dürfen das System nicht verändern, denn Frauen müssen die männlichen Tauglichkeitsnormen erfüllen, umgekehrt gibt es keine Ausgewogenheit der Anforderungen, da ‚weibliche' Fähigkeiten unberücksichtigt bleiben, womit der Aspekt der Institution intakt bleibt. (vgl. ebenda: 233ff) Auch das Kriterium, dass Druck von außen bestehen muss, um eine Gruppe aufzunehmen, trifft für die Streitkräfte, insbesonders für die Kampftruppen zu. Kanada hat Frauen vor mehreren Jahren zu den Kampftruppen zugelassen, im Jänner 1993 verfügten die kanadischen Streitkräfte über einen Frauenanteil von 10,9%, war die große Mehrheit der Frauen in den traditionellen Bereichen eingesetzt, sie waren im operativen Bereich mit höchstens 1% vertreten. In den USA betrug der Frauenanteil 1996 11,6% der Gesamttruppenstärke, 82% der weiblichen Unteroffiziere waren im traditionellen Bereich tätig. (vgl. ebenda: 238ff) Die ‚Token' sind aufgrund ihrer geringen Zahl besonders auffällig und werden damit in besonderer Weise wahrgenommen, dies erzeugt gesteigerten Leistungsdruck, sie werden einer genauen internen und externen Prüfung unterzogen, die dominante Gruppe der Männer hingegen versucht, Abgrenzungen aufrechtzuerhalten, Polarisierungen vorzunehmen, dadurch wird eine In-Gruppe und eine Out-Gruppe geschaffen, die die dominierende männliche Kultur verstärkt. Zwischen Männern und Frauen werden Grenzen gezogen, die die psychologische und soziale Distanz zwischen der dominierenden Gruppe und den ‚Token' fortschreiben, Unterschiede werden dramatisiert, um Distanzen zu schaffen, dies wird gewöhnlich über sexuell getönte Witze oder durch Hinweise auf Unterschiede zwischen den Geschlechtern, die Frauen abwerten, erreicht. Die massiven Probleme mit Diskri-minierung und sexueller Belästigung in allen Armeen über die Daten vorliegen, sind dafür ein beredtes Beispiel. Frauen in Kampftruppen sind ‚Token', damit nicht integriert, bestenfalls assimiliert unter Zurechtweisung auf rollenstereotype Tätigkeiten, die dem ‚weiblichen Rollenverständnis' entsprechen. Cynthia Enloe forumulierte, dass Streitkräfte Ideologien und Praktiken pflegen, die Frauen um der Erhöhung der Männlichkeit willen marginalisieren. (vgl. ebenda: 240ff)

4.7. Feministische Gegenpositionen

Feministische Gegenpositionen zielen auf eine Gesellschaft, „ ... in der der Anspruch auf Herrschaft – über die Natur, die Frau, Rassen, Klassen und Ethnien – in Frage gestellt beziehungsweise aufgehoben und ein herrschaftsfreies Verhältnis angestrebt wird. ... Der Feminismus erkennt die eigentliche, tiefe Wurzel für eine ungleiche, ausbeuterische Gesellschaft in einem ungleichen Geschlechterverhältnis." (Schmölzer, Hilde: 1996, 243) Simone de Beauvoir forderte ein radikale Entkolonialisierung der Frau. Feministische Gegenpositionen, Frauenbewegungen konstituieren sich in einer feministischen Öffentlichkeit, definiert als „ ... ein Verständigungsprozeß, der auf der Beobachtung des Geschlechterverhältnisses beruht und in dem die bestehende gesellschaftliche Minderbewertung und Unterdrückung der Frauen den Rahmen für soziale Wirklichkeitskonstruktionen liefert ... sie ... tritt ... mit einem politischen Inhalt an und zielt auf eine umfassende Veränderung jener sozialen Werte und Normen, die das bestehende Geschlechterverhältnis zementieren." (Klaus, Elisabeth: 1998, 110) Feministische Öffentlichkeit hat die Opposition von öffentlichem und privatem Raum in Frage gestellt und damit den Begriff der Zivilgesellschaft erweitert, hat bisher häuslich Verschwiegenes, vor allem die Gewaltverhältnisse in der Familie zum Thema gemacht und die Art, wie darüber diskutiert wird. (vgl. ebenda: 111)

4.7.1. Feminismus – Pazifismus - Debatte

Das Bild von der friedlichen, sich dem Krieg verweigernden Frau geht zurück bin in die Antike. „Auch ein Blick in die Geschichte zeigt, daß Männlichkeit und Kriegsführung häufig als natürliche Einheit konstruiert wurden, während Frauen als das eher dem Frieden zugeneigte Geschlecht galten. Das Bild der Frau, die sich gegen den Krieg auflehnt, existiert in der Vorstellung der Öffentlichkeit in der westlichen Hemisphäre mindestens seit Lysistra im 5. Jahrhundert v.Chr. zum ersten Mal in Athen aufgeführt wurde. In dieser griechischen Komödie von Aristophanes wird beschrieben, wie Frauen aus Athen, Sparta und Korinth beschließen, sich ihren Ehemännern solange sexuell zu verweigern, bis sie sich nicht mehr gegenseitig bekämpfen." (Yuval-Davis, Nira: 1999, 19) In der Feminismus-Pazifismus-Debatte gibt es vor allem gravierende Unterschiede zwischen den reichen Ländern des Nordens und den armen Ländern des Südens, Feministinnen aus den wirtschaftlich benachteiligten Ländern weisen häufig eine automatische Verurteilung aller Gewaltakte zurück und betonen, dass zu berücksichtigen ist, wer aus welchem Grund Gewalt ausübt, von ihnen wird Pazifismus oft als westlicher Luxus betrachtet, den sie sich, da die Befreiung unterdrückter Völker nicht möglich scheint, nicht leisten können, denn der Kampf für entmachtete und entrechtete Gruppen besitzt hier grundlegende Bedeutung. (vgl. ebenda: 39) Die Frage der Gleichberechtigung ist eine zentrale Frage für die Frauenbewegungen. Die Konzeption kämpfende versus friedliche Frau stellt eine Spaltung in den Frauenbewegungen dar. Alice Schwarzer formulierte: „Ich bin als kämpferische Pazifistin gegen Bundeswehr und Militarisierung und gegen jegliche Wehrpflicht. Ich bin als kämpferische Feministin grundsätzlich gegen jeden Ausschluß von Frauen aus politischen oder beruflichen Bereichen und besonders gegen einen Ausschluß, der auch offen sexistisch begründet wird, wie im Falle der Bundeswehr mit der Natur der Frau." (Dobusch, Gabi: 1987, 147) Wesentliches Merkmal in der feministischen Debatte besteht in der Spannung zwischen Gerechtigkeitsethikerinnen und Friedensethikerinnen. Die Strömungen der Friedensethikerinnen reichen von biologistisch mütterlich-weiblichen Interesse an der Erhaltung des Lebens bis zu fundierter Militärkritik, militärische Gleichstellung abzulehnen, da Streitkräfte als patriarchale und sexistische Institution für Frauen kein adäquater Ort sind. Gerechtigkeitsethikerinnen betrachten den Ausschluss aus dem Militärdienst als Ausschluss von Staat und Nation und gehen davon aus, dass sich durch Einbindung von Frauen in die Streitkräfte die kulturellen Definitionen von Männlichkeit und das Politikverständnis verändern würden. (vgl. Seifert, Ruth: 1999, 49ff) Zentral für die Spaltung der westlichen Frauenbewegungen ist seit dem ersten Weltkrieg die Vaterlandsfrage. Diese Spaltung ist seither symthomatisch für die Frauenbewegungen geblieben. In den USA hat zwar die Forderung nach Gleichberechtigung die Frauenrekrutierung nicht verursacht, doch nachdem das Militär zunehmend Frauen rekrutierte, hat die Frauenbewegung die militärische Einbeziehung durch die Gleichheitsforderung beschleunigt. Ein Rolle spielte das Partizipationsargument auch in anderen Ländern, sei es von Frauen selbst vorgebracht oder argumentiert, um den Frauen den Militärdienst schmackhaft zu machen. Zwar ist die Partizipationsforderung von den Militärs her angesetzt und hat propagandistische Funktion, sie spielt aber für eine Gruppe von Frauen eine Rolle und kann für die Rekrutierung benutzt werden. (vgl. Albrecht-Heide, Astrid: 1990, 41f) Zu berücksichtigen sind in der Diskussion um Geschlechterverhältnis und Militär kulturelle, nationale, regionale Unterschiede, gesellschaftliche Position und Qualifikation, da es für Frauen wie Männer in Armeen und Kriegen entscheidende Bedeutung hat, in welcher Beziehung Männer und Frauen zu Militär und Krieg stehen. (vgl. Yuval-Davis, Nira: 1999, 40)

4.7.2. Frauenfriedensbewegungen

Die Mütterbewegungen gegen den Krieg, etwa im ehemaligen Jugoslawien, Argentinien, Rußland oder den USA beziehen sich primär auf das matrizentristische Prinzip, das Leben der Nachkommen und in Folge das Leben überhaupt höher zu bewerten als Gehorsam gegenüber Obrigkeit und Staat. Das Engagement der Frauen für den Frieden besitzt eine lange Tradition, zu ersten internationalen Frauen-Friedenskundgebungen kam es bereits gegen Ende des 19. Jahrhunderts. Zahlreiche Aktivitäten fanden um Bertha von Suttner statt, die 1891 die ‚Österreichische Gesellschaft der Friedensfreunde' in Österreich gründete, 1905 den Friedensnobelpreis erhielt und Vizepräsidentin des internationalen Friedensbüros in Bern gewesen ist, 1899 wurde auf Initiative von Margarethe Selenka, Mitglied der Münchner Friedensgesellschaft ein Friedenskongreß in Den Haag veranstaltet, zuvor hatten auf ihre Initiative hin in 18 Ländern insgesamt 565 Frauenfriedenskundgebungen stattgefunden. (vgl. Schmölzer,

Hilde: 1996, 295ff) 1915 verfassten US-amerikanische Feministinnen das Dokument ‚Militarism versus Feminism: An Enquiry and a Policy Demonstrating that Militarism Involves the Subjection of Women' in dem sie in Krieg und Militarismus die größte Bedrohung der Frauenrechte verorten, in dem Dokument heißt es: „Krieg und Kriegsangst haben die Frau in ständiger Unterwerfung gehalten und es zu ihrer Hauptaufgabe gemacht, all ihre Fähigkeiten in unaufhörlicher Produktion von Kindern zu erschöpfen, damit Nationen die für Aggression oder Verteidigung notwendigen Krieger haben können ... Der Militarismus geht aber noch weiter ... Er schafft durch seine eigenen natürlichen Gesetzmäßigkeiten jenen Kern von exklusiv männlichen Berufen und exklusiv männlichen Leitungsfunktionen, die sich heute den Frauen als die mächtigste Schranke in den Weg stellen ... gleichzeitig mit dem Kampf für die Aufhebung der Geschlechter-Ungleichheit in der Ausübung politischer Rechte muß die feministische Bewegung ihren aktiven Widerstand gegenüber dem Militarismus als die Bedrohung aller Frauen aller Nationen erklären ..." (ebenda: 300) Ende April 1915 fand der von 1126 Frauen aus 12 Ländern besuchte erste internationale Frauenkongreß der bürgerlichen Frauen in Den Haag statt, nach Ende des Ersten Weltkrieges wurde das am Den Haagener Friedenskongreß geschaffene ‚Internationale Komitee für dauernden Frieden' in die ‚Internationale Frauenliga für Frieden und Freiheit' umbenannt, die zahlreiche internationale Zusammenkünfte organisierte, österreichische Aktivitäten wurden vor allem vom Engagement von und um Rosa Mayreder geprägt, der internationale Frauentag in Wien 1931 stand im Zeichen des Widerstands gegen Faschismus und Krieg, im Herbst 1932 fand in Amsterdam der von Frauen organisierte internationale Antikriegskongreß statt, zuvor waren auf der Genfer Abrüstungskonferenz von Frauenorganisationen aus verschiedenen Ländern insgesamt 8.300.000 Unterschriften für Abrüstung und Frieden übergeben worden, Frauen gingen vielfach während der NS-Zeit in den Widerstand, wurden verfolgt oder gingen in die Emigration. Nach dem Zweiten Weltkrieg sammelten sich erneut die friedensbewegten Teile der Bevölkerung, um gegen Wiederaufrüstung und Atomgefahr zu demonstrieren. (vgl. dazu ebenda: 300ff) Im März 1947 fand der erste ‚Deutsche Frauenkongreß für den Frieden' statt, der den ‚Demokratischen Frauenbund Deutschlands' begründete, der sich massiv gegen die Remilitarisierung und Einführung der allgemeinen Wehrpflicht aussprach, prägend für die politische Landschaft war die 1952 gegründete Westdeutsche Frauenfriedensbewegung, die die Zeitschrift ‚Frau und Frieden' herausgab und internationale Friedensarbeit leistete, sich primär in Form politischer Aktionen gegen Militarismus, Atomwaffen, Notstandsgesetz, Zivildienst für Frauen engagierte, Ende der 70iger Jahre nahmen die Frauenfriedensbewegungen rund um die Diskussion des Militärdienstes für Frauen einen neuen Aufschwung, es wurden zahlreiche Frauenfriedensgruppen gegründet, etwa ‚Frauen gegen Krieg und Militarismus' oder ‚Frauen für Frieden'. (vgl. dazu ebenda: 305f) Eine alternative Lebensform haben die Frauen von Greenham Common ein einem jahrelang aufrechterhaltenen Friedenscamp etwa 120 Kilometer westlich von London, vor der Haupteinfahrt des britischen Luftwaffenstützpunktes Greenham Common verwirklicht, sie richteten sich ursprünglich gegen die von der Regierung geplante Stationierung von ‚Cruise Missiles'. Greenham Common ist Symbol für die Frauenfriedensbewegung geworden. In den 80iger Jahren hat es eine Vielzahl von Frauenfriedensaktivitäten gegeben, dem internationalen Frauenfriedenskonferenz in Prag 1981 folgte ein großer Frauenfriedensmarsch 1982 von Westberlin nach Wien, 1983 fand in Saalfelden ein großes Frauenfriedenscamp statt, sowie ein großer Frauenfriedensmarsch für ein atomwaffenfreies Europa von Polen bis Portugal und für Frauenrechte von Berlin bis Genf, wo eine Internationale Frauenfriedenskonferenz tagte, im November 1990 organisierten Frauen die erste KSZE der Frauen in Berlin, an der Frauen aus ganz Europa teilnahmen. Zu den Themen zählten Solidarität mit den Frauen des Südens, paritätische Beteiligung von Frauen am KSZE-Prozess, Anerkennung der vielfältigen Formen von Gewalt gegen Frauen als Verbrechen gegen die Menschlichkeit, effektives und kontrolliertes Verbot aller Waffenexporte, drastische Reduktion der Militärbudgets und Streitkräfte der Länder der KSZE und eine Friedenspolitik, die die sozialen, wirtschaftlichen, ökologischen, kulturellen und humanitären Interessen aller Menschen gewährleistet. (vgl. dazu ebenda: 307ff)

Als ab Mitte November systematische Vergewaltigung im Bürgerkrieg im ehemaligen Jugoslawien Thema der Kriegsberichterstattung wurde, bildeten sich Frauennetzwerke, zahlreiche Frauen des öffentlichen Lebens riefen zu Demonstrationen und Spendenaktionen auf, boten Hilfe bei der Einrichtung von Beratungs- und Frauenhäusern an. (vgl. Schmölzer, Hilde: 1996, 220f) Die ‚Women in Black' demonstrierten während der Bürgerkriege im ehemaligen Jugoslawien jeden Dienstag auf Belgrads Straßen, anlässlich des zweiten Jahrestages ihrer Existenz proklamierten sie im Oktober 1993: „Wir tragen Schwarz, weil wir damit unsere Trauer ausdrücken wollen für alle Opfer dieses Krieges und anderer Kriege, für jene Frauen und Männer, die wir kennen, und für jene, die wir nicht kennen. Wir tragen schwarz, weil dieser Krieg Menschen zerstört, die Natur zerstört, Freundschaften zwischen den Menschen zerstört und die positiven Werte zerstört ... Wir gehen hinaus auf die Straßen und fordern mit unserem Protest an öffentlichen Orten ein Ende des Tötens und der Gewalt in diesem Krieg und im täglichen Leben. Wir wählen Stille weil wir uns weigern einen Schwall leerer Worte zu produzieren die uns davon abhalten über uns selbst und über andere nachzudenken. Auch können wir keine Worte finden, um diese Tragödie auszudrücken, die der Krieg gebracht hat, und wir können keine Worte finden um die Bitterkeit und den Widerwillen zu beschreiben gegen ein nationalistisch-militaristisches Regime, das sich vor allem in Serbien befindet." (ebenda: 311) Weniger bekannt wurden Mütterbewegungen, etwa die über tausend Mütter aus Kroatien und Serbien, die Ende August 1991 die Kasernen in Belgrad stürmten, um ihre Söhne zu holen. In Sarajewo besetzten Mütter den Plenarsaal des Parlamentsgebäudes und formulierten ihre Forderungen nach sofortiger Entlassung ihrer Söhne, aller kämpfenden Soldaten und sofortiger Beendigung des Krieges, auf dem Kresmir Platz riefen sie zusammen mit Müttern von Soldaten der Bundesarmee zur Aktion ‚Mauer der Liebe' in Zagreb auf, an der sich 100000 Menschen beteiligten. (vgl. ebenda: 311f)

5. Medien und Krieg

"Die Zuspitzung des Normalfalls, die Akzentuierung des Alltäglichen besteht in der spezifischen Verknüpfung, liegt in der Relation: Die Medien befinden sich im Krieg und der Krieg ist in den Medien. Ein symbolisches Verhältnis von Vernichtung und Vermittlung, Vermittlung als Vernichtung."

Siegfried Zielinski

„Seit dem Golfkrieg wissen wir: Kriege lassen sich für die Medien heute dadurch rechtfertigen, daß sie Programme füllen und Quoten bringen. Niemals zuvor hatten sich ein Krieg und ein Fernsehsender gegenseitig legitimiert." (Weischenberg, Siegfried: 1995, 165) CNN hatte sich mit einer 75 Millionen US-$ teuren Ausstattung innerhalb weniger Wochen amortisiert. (vgl. Altmeppen, Klaus-Dieter: 1993, 218) Der Golfkrieg II hat wie kein „ ... anderer Krieg .. die Strukturen und Funktionsmechanismen, die den Massenmedien zugrundeliegen, so schamlos offengelegt – und so bald vergessen gemacht." (Beham, Mira: 1996, 101) Die Erfahrungen aus dem Golfkrieg zeigten die Gefahren und Grenzen von Kommerzialisierung und Technisierung auf. „Gefahren liegen da, wo auf Redaktionen verzichtet wird, die eingreifen und einordnen – und nicht aus dem Auge verlieren, warum die Menschen immer noch mehr denn je viel Zeit für den Umgang mit Medien aufwenden: Sie suchen Orientierungshilfen in einer Welt, die zunehmend undurchschaubarer wird." (Weischenberg, Siegfried: 1995, 168) Im allgemeinen präsentieren Medien im Rahmen der Kriegsberichterstattung die Wirklichkeit der Politik und Militärs, journalistische Tätigkeit wird in erheblichen Ausmaß fremdbestimmt, wobei militärische Zensur letztlich erfolgreich ist, weil Medien Nachrichten brauchen, Informationsverzicht nicht in Frage kommt, egal welche Wirklichkeiten die bereitgestellten Informationen anbieten. (vgl. Weischenberg, Siegfried: 1993, 68ff) Die permanente mediale Präsenz des Krieges im Alltag schafft ein Bild von Wirklichkeiten, das uns von sozialen Wirklichkeiten entfernt und im allgemeinen von MediennutzerInnen nicht überprüfbar ist. Der Logik des Krieges entspricht die Konstruktion von Gut und Böse. (vgl. Marchal, Guy P.: 1995, 106ff) „Die virtuelle Wirklichkeit des Mediums tendiert eben gerade bei der Projektion des Kriegszustandes dahin, ein leichtfassliches einfaches Weltbild zu konstruieren, das dem Einzelnen den Entscheid für das ‚Gute' gegen das ‚Böse' leicht macht." (ebenda: 108) Vielleicht ist es an der Zeit, die „ ... ‚Mediengesellschaft' zu überdenken und – wenn es denn möglich wäre – anders zu ordnen." (Weischenberg, Siegfried: 1993, 76)

5.1. strukturelle Rahmenbedingungen der Kriegsberichterstattung

„Durch die mediale Kriegsberichterstattung wurde das zuvor Ausseralltägliche zum alltäglichen Medienereignis, zur permanenten Darstellung kollektiver physischer Gewalt mit wechselnden Akteuren und Schauplätzen. ... Indem die Kriegsberichterstattung den Krieg kolportiert, verändert sich der Krieg und die Kriegsberichterstattung wird für die Kriegsführenden zum Bestandteil des Krieges selbst: In der Kriegsberichterstattung fand und findet der Krieg sein Medium und damit seine Steigerungsfähigkeit bis hin zum totalen Krieg. In der Kriegsberichterstattung findet der Krieg auch einen Gegner, den es mit den Mitteln der Gewalt, der Zensur und des Informationsmanagements zu bezwingen gilt." (Imhof, Kurt/Schulz, Peter: 1995, 8) Daher ist Krieg in den Medien mehr als seine Reproduktion. „Krieg wird in den Medien kolportiert, personifiziert, legitimiert und entlegitimiert, die Darstellung von Krieg gerät zum Bestandteil seiner selbst oder zu seiner Anklage." (ebenda: 8) Kriege sind eingebunden und abhängig vom jeweiligen kulturellen Rahmen, „von jenen durch Menschen geschaffenen Werten, Normen, Überlieferungen, Mythen, Glaubenssystemen, Symbolen, Institutionen und Organisationen, die ... grundsätzlich instabil und einem ständigen Wandel unterworfen sind uns sich immer nur auf Zeit verfestigen." (Kneubühler, Hans-Ulrich: 1995, 73) So lässt sich am Wandel von Kultur ablesen, wie Kriege geführt und legitimiert werden, wie Kriege in der Öffentlichkeit kommuniziert werden. (vgl. ebenda: 73) „Unter den von den Medien in den vergangenen Jahren besonders intensiv behandelten militärischen Aktivitäten standen vielfach solche Einsätze im Vordergrund, für die sich die Bezeichnung ‚humanitäre Interventionen' einzubürgern begonnen hat." (Münk, Hans J.: 1995, 157)

5.1.1. Strukturelle Militarisierbarkeit der Medien

Die entscheidenden Entwicklungssprünge hin zu den gegenwärtig zivil nutzbaren Informations- und Kommunikationstechnologien resultieren aus militärischer Forschung und Entwicklung. „Die dort entstandenen Produkte diffundieren aufgrund wachstumspolitischer Erwartungen in die zivilen Märkte. Die Folgen industriell-militärischer Entwicklung und ziviler Diffusionsprozesse äußern sich in einem umfassenden wirtschaftlichen und gesellschaftlichen Strukturwandel. ... Die technologischen Systeme von Berichterstattung und Kriegsführung beruhen auf den gleichen Grundlagen." (Altmeppen, Klaus-Dieter: 1993, 214) Technologien haben nicht nur eine materielle Basis und erfüllen eine spezifische instrumentelle Funktion, sie sind weitgehend Produkt der im Produktions- und Reproduktionsprozess wirkenden sozialen Beziehungen, sie geben Auskunft über die Auseinandersetzung der Menschen mit ihrer materiellen Umwelt und darüber, wie die sozialen Beziehungen gestaltet sind, dabei findet Technologieentwicklung weitgehend unter Ausschluss von Frauen statt, in den Forschungseinrichtungen des militärisch-industriellen Komplexes sind Frauen in Schlüsselpositionen selten vertreten, Frauen sind von den die Technologieentwicklungen begleitenden gesellschaftlichen Prozessen praktisch ausgeschlossen. (vgl. Klaus, Elisabeth: 1998, 56ff) „Die Männerdominanz im Entwicklungs- und Produktionsprozeß hat zur Folge, daß die Vorstellungen von Information und Kommunikation, die sich in den Technologien abbilden, sehr reduziert sind und wichtige lebensweltliche Erfahrungsbereiche ausblenden." (ebenda: 57) Medien sind technologisch militarisiert, die Entwicklungsgeschichte der Medientechnologie ist von ihrer Kriegsgeschichte geprägt, ökonomisch militarisierbar, da Kriege wie Katastrophen, Massaker und Massensterben gewinnbringende mediale Großereignisse darstellen, im Interesse des Militärs liegt hier die Meinungsführung, politisch militarisierbar, da sie in Zeiten des Krieges häufig Loyalität mit den kriegsführenden Parteien und nationale Interessen über den Auftrag der kritischen Distanz stellen, sie tragen Mitverantwortung bei der Konstruktion von Feindbildern, sowie individuell militarisierbar, da KriegsberichterstatterInnen vor Ort und in den Redaktionen mit Anforderungen journalistischer Objektivität überfordert werden, in Konkurrenz zueinander stehen und daher für die Militärs leichter kontrollierbar werden. (vgl. Dominikowski, Thomas: 1993, 47f) In Bezug auf diesen historisch gewachsenen Zusammenhang ist aber nicht nur die Rolle der Medien im Krieg, sondern auch in Zeiten negativen Friedens zu thematisieren, „ ... denn der Militarisierbarkeit der Medien (und der Gesellschaft) liegen Strukturen zugrunde, die auch schon in Friedenszeiten wirksam sind." (ebenda: 48)

5.2. Medien, Krieg und Militär

„Kriegsberichterstatter gibt es, seit es Kriege gibt. Irgend jemand hat immer über die Kämpfe und Konflikte berichtet, seien es die heimkehrenden Soldaten, seien es die Feldherren selbst. ... Schon seit frühester Zeit gilt Information als ein Kampfmittel – nach innen wie nach außen. ... Daß die Wahrheit dabei immer das erste Opfer eines Krieges ist, ... läßt sich schon bei den Assyrern nachweisen." (Dominikowski, Thomas: 1993, 36) Im frühen 19. Jahrhundert entwickelten sich ‚Massen'medien und ‚Massenkrieg', es gab erste ‚unabhängige' Berichterstatter und das Ziel der Auflagensteigerung durch Kriegsberichte wurde begründet. (vgl. ebenda: 34) „Ein entscheidender qualitativer Sprung in der Entwicklung der Kriegsberichterstattung ist mit der Entstehung massenhaft verbreiteter publizistischer Medien zu verzeichnen. Mit der wachsenden Bedeutung der Tageszeitungen in der ersten Hälfte des 19. Jahrhunderts, wurden Medien in immer stärkerem Maß in die Vorbereitung und Führung von Kriegen involviert. Die Erfolge der Kriegsführenden hingen damit zunehmend von ihrer jeweiligen Öffentlichkeitsarbeit ab." (ebenda: 36) Es wurde damit der Typ des Volkskrieges vorherrschend, „ ... in dem große Freiwilligen- oder Wehrpflichtigenarmeen gegeneinander zogen, für die die Bevölkerung entsprechend publizistisch vorbereitet und betreut werden mußte. Die parallele Entwicklung von ‚Massen'medien und ‚Massen'krieg ist somit kein zufälliger Synchronismus, sondern ein koevolutionärer Prozeß. Ohne das eine wäre das andere kaum denkbar gewesen." (ebenda: 36) In dem Maße, wie sich Zeitungen zu gewinnbringenden Wirtschaftsunternehmen entwickelten, die sich die Entsendung eigener Kriegsberichterstatter leisten konnten, nahmen im Verlauf des 19. Jahrhunderts die vom Militär relativ unabhängigen die Armee begleitenden Berichterstatter zu. Der Krimkrieg 1856 gilt als erster Pressekrieg, er wurde von einigen Dutzend französischen und englischen Korrespondenten begleitet, William Howard Russel für die Londoner Times ist am bekanntesten geworden und wird oftmals als der erste Kriegsberichterstatter bezeichnet. Zu Beginn des Krieges war den Militärs die Begleitung durch Journalisten noch fremd, bis zum Ende des Krimkrieges hatten sie die Zensur eingeführt, der Krimkrieg war auch die ‚Feuertaufe' für die Photographie. (vgl. ebenda: 36f) Von politischer Seite gab es seit der Entstehung periodisch erscheinender Zeitungen im 17. Jahrhundert Versuche der Einflussnahme. „Doch die neuen Kommunikationsstrukturen verlangten nach einer umfassenden Systematisierung des manipulativen Zugriffs auf die Presseorgane. ... Das Beziehungsdreieck von Presse, Politik und Militär wurde zu einem immer engmaschigeren Netz verflochten." (Beham, Mira: 1996, 23) Mit der Einführung der Telegraphie im amerikanischen Sezessionskrieg veränderte sich die Aktualitätsdefinition, die Konkurrenz setzte die Kriegsberichterstatter unter Druck, möglichst schnell möglichst exklusive Berichte zu liefern, Loyalität und Patriotismus überwogen gegenüber professionellen Standards. (vgl. Dominikowski, Thomas: 1993, 39) Der Kriegsminister der Nordstaaten, Edwin M. Stanton entwickelte eine bis heute gültige Vorgangsweise: „Um die Informationspolitik der Regierung und der Militärs zu kanalisieren, begann Stanton 1846 ein tägliches Kriegs-Bulletin für die Presse herauszugeben, in dem die Situation in den verschiedenen Führungsstäben und an den unterschiedlichen Frontabschnitten detailliert beschrieben wurde – so, wie es die Kriegsführung gerade erforderte. Stantons Bulletins waren eine signifikante Neuerung in der Geschichte der Kriegsberichterstattung, ein Präzedenzfall. In der Folge sollte es kaum eine Kriegsregierung geben, die diese Praxis zur Information – oder Desinformation – der Presse nicht anwenden würde ...". (Beham, Mira: 1996, 20) Als weiteres Merkmal hatte der amerikanische Bürgerkrieg das journalistische Genre Kriegsberichterstattung etabliert. (vgl. ebenda: 20) Im sogenannten Goldenen Zeitalter von 1860-1914 institutionalisierte sich der Berufsstand der Kriegsberichterstatter, Krieg wurde als Abenteuer medial inszeniert, die Zeit war bedingt durch den Kolonialismus reich an Kriegen und Konflikten. (vgl. Dominikowski, Thomas: 1993, 39ff) Die politisch-militärische Zensur war noch nicht völlig ausgereift, ab etwa 1880 kam die Photographie zum professionellen Einsatz, wobei die Photographien eine vom Schrecken bereinigte Darstellung von Krieg vermittelten. (vgl. Beham, Mira: 1996, 22) „Zeitungsinhaber erkannten das Potential ihrer Produkte. Im spanisch-amerikanischen Krieg (1898) beschloß der Verleger William Randolph Hearst, die USA zur Unterstützung der Rebellen auf Kuba in den Krieg hineinzuziehen. Einem Mitarbeiter seines ‚New York Journal', der den Aufstand in Kuba bildlich festhalten sollte, das Land jedoch mangels wirklich aufregender Ereignisse verlassen wollte, telegraphierte Hearst: ‚Bitte bleiben Sie. Sorgen Sie für die Bilder. Ich sorge für den Krieg'." (ebenda: 24) Ein qualitativer Sprung in der Geschichte der Kriegsführung und Kriegsberichterstattung begann mit dem Ersten Weltkrieg, in dem die Massenmedien in neuer Qualität zu Instrumenten der Massenpropaganda wurden, die Pressefreiheit wurde aufgehoben, große Propagandaapparate wurden begründet, zu ihren wichtigsten Aufgabengebieten gehörte die Greuelpropaganda, die deutsche Presse nahm die Rolle der ‚geistigen Kriegsführung' an, die Methode der USA war es, von jenen Kriegsberichterstattern, die die Truppen begleiten wollten, Kaution in der Höhe von 1000 US-$ zu verlangen, die bei Verstoß gegen die Zensurbestimmungen verfiel, die Kriegsberichterstatter fügten sich in die Struktur. (vgl. Dominikowski, Thomas: 1993, 39ff) Um die Truppen und die Zivilbevölkerung auf Krieg und Opferbereitschaft vorzubereiten, wurde eine Kriegspropaganda in Gang gesetzt, die es vorher in diesem Ausmaß nicht gegeben hat. „Die politischen und militärischen Autoritäten der beteiligten Staaten bauten jeweils im gegenseitigen Einvernehmen ein System von strengster Presselenkung und offener Stimmungsmache auf, um den reibungslosen Übergang vom Frieden in einen Krieg, der sich schon bald als verheerend herausstellen sollte, zu gewährleisten und eine uneingeschränkte Kampfmoral der jeweiligen Völker aufrechtzuerhalten." (Beham, Mira: 1996, 26) Die britische Regierung begründete ein Informationsministerium, das so effektiv war, dass es Joseph Goebbels als Modell diente. (vgl. ebenda: 26) Im Zweiten Weltkrieg erfolgten Expansion und Perfektionierung der Informationssteuerung, von Zensur und Nachrichtensperre zum Informationsmanagement, es war der Kriegseinsatz der Hörfunk und Film etablierte. (vgl. Dominikowski, Thomas: 1993, 34) Der Hörfunk brachte als neue Dimension der Kriegsberichterstattung die Live-Übertragung, die im Vergleich zu Printmedien eine neue Qualität von Authentizität und damit Glaubwürdigkeit schuf. Der von Goebbels so bezeichnete ‚Propagandakrieg' hatte als Kriegsmittel den gleichen Stellenwert wie der ‚Waffenkrieg', dies wurde in einem Abkommen zwischen Reichspropagandaminister und dem Oberkommando der Wehrmacht festgehalten, die Kriegsberichterstattung unterstand der Wehrmachtführung und wurde in militärischer Truppenform organisiert. (vgl. Beham, Mira: 1996, 56ff) Der Vietnamkrieg war der erste Fernsehkrieg, der erste und bisher einzige Krieg ohne offizielle Zensur mit der Wirkungshypothese, dass Medienberichterstattung Anti-Kriegs-Stimmung erzeugen kann, daher finden seit Vietnam vom Falkland-Konflikt bis heute Kriege weitgehend ohne journalistische ZeugInnen statt. (vgl. Dominikowski, Thomas: 1993, 34) Neben der Militärzensur praktizierte das Pentagon im Golfkrieg II das Pool-Arrangement, das noch aus den Tagen der Panama-

Invasion in Kraft war und dem die meisten US-Redaktionschefs prinzipiell zugestimmt hatten. CNN war dem Pressebüro des Pentagon mit der weltweiten Verbreitung der Nachricht vom Kriegsbeginn um 27 Minuten zuvorgekommen, und schrieb damit Fernsehgeschichte, CNN hatte den ‚scoop' schlechthin gelandet, und Peter Arnett wurde neben George Bush und Saddam Hussein zum drittwichtigsten Mann der Welt, CNN stieg zum führenden Fernsehsender auf. (vgl. Beham, Mira: 1996, 74f) Der Golfkrieg II wurde zum Paradebeispiel der Instrumentalisierung der Medien durch die Militärs, Medien verbreiteten etwa Falschmeldungen über die geplante Landoffensive, um die irakische Armee in die Irre zu leiten und General Norman Schwarzkopf, der Oberkommandierende der US-Streitkräfte bedankte sich bei den JournalistInnen für die gute Zusammenarbeit. (vgl. Dominikowski, Thomas: 1993, 35)

5.2.1. Mythen der Kriegsberichterstattung

„Der Journalismus bestätigt und entwirft Gesellschaftsbilder ... Als moderne Geschichten- und Märchenerzähler sind die Massenmedien Mythenproduzenten und – reproduzenten der Gesellschaft." (Klaus, Elisabeth: 1998, 388) Zu den Mythen der Kriegsberichterstattung zählt jener des Kriegsberichterstatters, er erscheint in einem Heldenmythos, umgeben von Anekdoten und Abenteuern, der Held, „ ... der sich nicht nur todesmütig an die Front begibt, sondern auch tapfer gegen den Feind, gegen die Konkurrenzzeitungen, gegen die Widrigkeiten der Kommunikationstechnik und schließlich gegen die Zensur der Militärs zu kämpfen hat." (Dominikowski, Thomas: 1993, 35) Der Heldenmythos des Kriegsberichterstatter zeigt auf, wie der Mythos Geschlecht in das journalistische System eingeschrieben ist, und besonders in der Kriegsberichterstattung Männlichkeits- und Weiblichkeitsbilder zur Verfügung stellt. Die Geschichte der Kriegsberichterstatterinnen muss erst noch geschrieben werden. Mythen der Kriegsberichterstattung fußen auf ökonomischen Prinzipien und politischem Kalkül, sie besagen etwa das Versagen der deutschen Publizistik im Ersten Weltkrieg, das perfekte Funktionieren des Propagandaapparats unter Goebbels, oder den Nutzen freier Kriegsberichterstattung für die Feindspionage u.ä., sie beruhen auf linearen Wirkungshypothesen und deterministischen Wirkungsunterstellungen und dienen politischen und militärischen Interessen. (vgl. dazu Dominikowski, Thomas: 1993, 35f)

5.3. Kriegsordnung der Medien

Medien besitzen für die Krisenkommunikation besondere Relevanz: „Medien bestimmen Auswahl und ... Bewertung von Information; Medien stellen Medienangebote bereit, die die Rezipienten nur selten mit eigenen Erfahrungen abgleichen können ... Und nicht zuletzt sind die Angebote der Medien für die Integration der modernen, funktional hochdifferenzierten Gesellschaft unverzichtbar geworden." (Löffelholz, Martin: 1993, 13) „... Journalismus als für die aktuelle Wirklichkeitskonstruktion primär zuständiges System entwirft nach bestimmten Regeln, Routinen und Ritualen Modelle der Wirklichkeit. Diese mediale Wirklichkeit wird durch Medienangebote verkörpert, die Ereignisse zu Nachrichten machen und damit Anlässe zur individuellen wie sozialen Wirklichkeitskonstruktion der Rezipienten liefern." (Löffelholz, Martin: 1995, 174) Die Basistendenzen des Kriegsjournalismus in der Informationsgesellschaft sind Kommerzialisierung, als Ausrichtung nach ökonomischen Regeln marktwirtschaftlicher Prägung, dies bedingt wachsendes werbefinanziertes und daher quotenorientiertes Programm, sowie zunehmende Konzentration, damit verknüpft Entertainisierung, da Kriege als Ereignisse in Wettbewerb mit anderen Programmen treten, damit verknüpft Fiktionalisierung, da Kriegsberichterstattung Gefahr läuft, nach dem Schema von Unterhaltungsshows präsentiert zu werden, weiters Internationalisierung, Medien sind global orientiert, wobei die Konstitution einer Weltgesellschaft in Diskrepanz zu nationalen Integrationsprozessen steht. Die Tendenz der Beschleunigung der Nachrichtenproduktion kann Medien in Kriege direkt einbeziehen, sie zum Teil des militärischen Apparates werden lassen, wobei beschleunigte Kommunikation Krisen und Kriege verstärken oder generieren kann, und sie setzt JournalistInnen unter einen Zeitdruck, der sorgfältige Prüfung der Informationsangebote von Militärs und PolitikerInnen beinahe ausschließt. (vgl. ebenda: 176ff) „Wenn der Krieg durch ‚Live'-Berichterstattung die größte Aktualität und größte Relevanz eines Ereignisses suggeriert, als ‚realer Krieg' inszeniert wird, dann verschwinden immer mehr Informationen, die immer schneller präsentiert werden, immer schneller in die weite Leere des kollektiven Bewußtseins, in eine neue Beliebigkeit der Informationsgesellschaft." (ebenda: 178) Systhemtheoretisch gefaßt ist Journalismus als selbstreferentielles System autonom und seinen eigenen Regeln folgend, daher festlegend, welche Kriege veröffentlichungswert und welche Kriege vergessene Kriege sind. In der Begründung der Abhängigkeit von Informationen und Bildern wird von ‚selbstgewählten' Sachzwängen gesprochen, andererseits auch von der Abhängigkeit des Militärs vom Journalismus, wobei die Themen der Militärs für den Journalismus hohe Relevanz haben und der Erfolg militärischer Informationspolitik umso größer wird, je weniger JournalistInnen über andere Quellen verfügen und je authentischer und relevanter die zensierten Informationen erscheinen. (vgl. Löffelholz, Martin: 1993, 20ff) „Am Medienereignis Krieg lassen sich Ergebnisse der Nachrichtenwertforschung nachvollziehen: Überraschungseffekte bzw. Qualitätssprünge in Entwicklungsprozessen (Aktualitätsorientierung), Personalisierungsmöglichkeit, Visualisierungsfähigkeit, Zugänglichkeit usw. machen das Ereignis Krieg zum Medienereignis, zum Krieg in den Medien." ((Imhof, Kurt/Schulz, Peter: 1995, 8) Eine Konstante des Krieges als Medienereignis stellt die Erhöhung der Mediennutzung dar, weitere Merkmale der Kriegskommunikation sind die dämonisierende bzw. glorifizierende Personalisierung des Kriegsgeschehens, Kollektivtypisierungen in religiös, ethnisch oder kulturalistisch argumentierte Ideologien der Ungleichheit, Tendenzen zur Historisierung der Gegenwart und Politisierung der Geschichte. (vgl. Imhof, Karl: 1995, 123f) „Kriegsberichterstattung besteht somit aus einfachen Morphologien und ist in der Regel asymmetrisch, d.h. sie beleuchtet das Kriegsgeschehen mit Schwergewicht auf die Handlungen einer Kriegspartei." (ebenda: 124) Zu den Kriterien, die aus einem Krieg berichtenswerte Nachrichten machen, zählen die Möglichkeit der ausreichenden Visualisierung und Möglichkeit den Krieg zu personalisieren, der Grad der Betroffenheit des eigenen Landes, die Beteiligung von Elite-Nationen, die Möglichkeit von Anschlusskommunikation an berichtete Ereignisse, der Grad der Überraschung und der kulturellen, politischen und ökonomischen Distanz. (vgl. Löffelholz, Martin: 1995, 175) Diese Kriegsordnung der Medien wird primär von journalismusinternen Faktoren geprägt, wobei organisatorische, technologische und ökonomische Rahmenbedingungen eine Rolle spielen und Kriege eine Reihe von Kriterien erfüllen, die aus Ereignissen Nachrichten machen. (vgl. Löffelholz, Martin: 1993, 19) Das Aktualitäts- und Überraschungskriterium bedingt, dass es scheint, als hätten Eskalationen keine Vorgeschichte, wobei Aktualität auch an Kurzfristigkeit orientiert ist, auf die Reduktion auf den Moment des gegenwärtigen Geschehens. (vgl. Ruhrmann, Georg: 1993, 82ff) In der Kriegsberichterstattung beziehen sich JournalistInnen auf bekannte Themen, die Karriere gemacht haben, dabei stehen folgende prominente Themen im Vordergrund: unversöhnliche Interessen der Konfliktparteien, Erfahrungen, die JournalistInnen bereits im gegebenen Kontext gemacht haben, politische und militärische Interventionen von ‚Supermächten', politische Instabilität in vielen Kriegs- und Krisenregionen, die vom Westen her bedenklich stimmt, strategische Bedeutung des Zugangs zu den Regionen für die westliche Welt, geplante und/oder vermutete Waffentechnologien und der Rüstungsexport westlicher Länder in die Krisenregion. (vgl. ebenda: 86) Im Krieg in Südosteuropa 1999 wurde das während der Bürgerkriege im ehemaligen Jugoslawien prominent gewordene Thema Massenvergewaltigung im Rahmen der Greuelberichterstattung erneut aufgegriffen.

5.3.1. journalistisches Objektivitätskriterium

„Wohl kaum ein anderer Vorgang sperrt sich auf vergleichbare Weise gegen das ethisch begründete Objektivitätskriterium der modernen Journalistik wie der Krieg. ... Krieg ist begleitet von der Propaganda der Kriegsführenden, die Kriegsberichterstattung in ihrem Geltungsbereich wird zensuriert und die Kriegsberichterstatter ihrem Informationsmanagement ausgesetzt und instrumentalisiert." ((Imhof, Kurt/Schulz, Peter: 1995, 9) Journalismus wird abhängig von den Wirklichkeitskonstruktionen der kriegsführenden Mächte und entfunktionalisiert sich damit selbst. „Eine Kriegsberichterstattung, in der das Medium zur blossen Botschaft wird, kann keine mehr sein." ((ebenda: 9) Ein Dilemma für die JournalistInnen besteht darin, dass es einerseits Zensur, andererseits aber kein gesichertes Material über den tatsächlichen Verlauf von Militäroperationen gibt. (vgl. Washietl, Engelbert: 1991, 55) „Im Krieg dient ein ‚Briefing' mehr der Desinformation als der Information, und die mitgelieferten Zahlen sind offenbar nur Rohmaterial zur Weiterführung des Krieges mit geistigen Mitteln." (ebenda: 55) William Howard Russel sandte für die ‚Times' im Krimkrieg sehr kritische Berichte über den Zustand der Armee, die die ‚Times' erst veröffentlichte, nachdem der ‚London Daily News', der ebenfalls Kriegsberichterstatter entsandt hatte, scharfe Kritik geübt hatte, er formulierte das Dilemma, das seither die KriegsberichterstatterInnen begleitet: „Wo hört die journalistische Pflicht, wahrheitsgemäß zu berichten auf, und wo beginnt die Verpflichtung gegenüber dem Vaterland und der politischen Sache?" (Beham, Mira: 1996, 15)

5.4. Kriegslegitimation durch Medien

„Etablierte Feindbilder rechtfertigen den Krieg: Solange die mediale Thematisierung von Krieg Partei ergreift, verschafft sie diesem selbst Sinn. Dadurch wird der Krieg in den Medien zum Bestandteil des Krieges selbst. Basis dieses Polarisierungseffekts, den der Krieg auf die Medien der unmittelbaren Kriegsparteien, aber auch auf die Medien nicht konfliktbeteiligter Gesellschaften ausübt, sind differente politische, religiöse oder ethnische Grundorientierungen. Solche Grundorientierungen sind durchwirkt von moralischen Urteilen, Bedrohungsbildern, und interessengeleitetem Kalkül. ... Die politische Geschichte einer Gesellschaft lässt sich über die Kriegsberichterstattung ihrer Medien nachzeichnen, die in ihrer unterschiedlichen Affinität zu den kriegsführenden Mächten die ‚öffentliche Meinung' bearbeiten, d.h. Krieg legitimieren oder entlegitimieren. Dadurch bildet der Krieg auch weitab vom Kriegsschauplatz ein Objekt der innenpolitischen Auseinandersetzung." ((Imhof, Kurt/Schulz, Peter: 1995, 10) Nationenbilder entstehen im Zusammenwirken von Wahrnehmung und Stereotypen, sie sind äußerst dauerhaft, unflexibel, gefühlsbetont und tendenziell verallgemeinernd, sie haben mit der Realität wenig gemeinsam, die eigene wie fremde Nationen werden mit bestimmten Attributen belegt, gegenüber der eigenen Gruppe herrscht positive Voreingenommenheit, gegenüber fremden Gruppen negative Voreingenommenheit vor, sie haben überwiegend integrative, solidarisierende und ordnende Funktion, tragen zur Bildung gemeinsamer Erinnerungswerte und nationaler Symbole bei, haben wesentlichen Einfluss auf die Herstellung eines Gruppenbewusstseins und Orientierungssystems, sie spielen daher eine entscheidende Rolle bei der Entstehung von Nationen und dienen der Erzeugung von Feindbildern. (vgl. Beham, Mira: 1996, 138ff) „Eine der wichtigsten Kommunikationsformen für die Vermittlung von Nationenbildern sind die Massenmedien." (ebenda: 143) Durch die Massenmedien machen sich Menschen ein Bild von Teilen der Welt, die sie nie gesehen haben. „Daher gründen sich Images oder

Nationenbilder als massenmedial vermittelte Stereotype wesentlich auf Sekundärerfahrungen: Informationen über andere Nationen und außenpolitsche Ereignisse werden den Medien entnommen." (ebenda: 143)

5.5. Sprache als Kriegsmittel

Zahlreiche Begriffe, die die Mediensprache prägen sind militärische Begriffe, wie Agrarfront, Verhandlungsfront, Medienkrieg, Drogenkrieg, Manöverkritik, in der Hitze des Gefechts lässt einer eine Bombe platzen, einer ist am Boden zerstört, die Moderatorin bzw. der Moderator sagt, schießen sie los, die Parteien zeigen Flagge, der/die UnternehmerIn öffnet seine/ihre Kriegskasse, usw. (vgl. Blum, Roger: 1995, 146) „Die Mediensprache ist männlich und martialisch. Insofern betreiben die Massenmedien weiterhin unbewusst und unterschwellig Kriegslegitimation." (ebenda: 147) Die Sprache des Krieges schreibt sich in der Sprache der Medien ein. Die JournalistInnen berichten im Jargon des Militärs von ihrem ‚Einsatz an der Front', Kriegssprache hat ‚Appeal'. Auf den Titelseiten großer Nachrichtenmagazine verbindet mensch auf der Ebene des Wortes und Bildes Fiktion mit Realität. Mit Headlines wie ‚Krieg um Frieden' wird mit den (Kriegs)-Bildern in den Köpfen der Menschen gespielt und mit der Fiktion kokettiert, um die Realität zu ‚belichten'. (vgl. Steinmaurer, Thomas: 1991, 30) „Der Krieg beginnt nicht mit seinem Ausbruch. Er beginnt mit dem Gebrauch der Worte ... Die Sprache bereitet den Krieg vor. Sie bezieht sich auf Vorgefallenes, auf Ereignisse, auf Geschichte und Geschichten. Sie erinnert an den Hass und die feindlichen Gefühle. ... Politik ist die Praxis der Herrschaft von Menschen über Menschen. Sie verwendet dafür Sprache, aufgeladene Worte, irreführende Erinnerungen usw." (Iten, Andreas: 1995, 13) Positionen werden moralisiert, Argumente des Gegners mittels Bezweiflung seiner Integrität bekämpft, anstelle von Auseinandersetzung auf der Ebene der Argumente tritt Empörung, die Meinung des Gegners wird zweitrangig. Kriege werden begründet mit moralischer Verunglimpfung des Gegners, somit steht die Kriegskommunikation am Beginn kriegerischer Auseinandersetzungen. (vgl. ebenda: 15) Krisenkommunikation kann je nach Interessenslage der KommunikatorInnen Ängste und Kriegsbereitschaft stimulieren oder auch abbauen und die Ursachen der Krise entweder auf andere Faktoren projizieren oder sie offenlegen und Lösungsmöglichkeiten zur Diskussion stellen. (vgl. Beham, Mira: 1996, 55) „Krisen, die in Kriege münden, sind demnach fehlgeleitete Kommunikationen, die psychologische und politische Prozesse in Gang setzen. Die Manipulation der Massen ist ihr wichtigster Bestandteil." (ebenda: 55) „Der berühmte Satz von Clausewitz, der Krieg sei die Fortsetzung der Politik mit anderen Mitteln, kann abgeändert werden in die Formel: Der Krieg ist die Fortsetzung der Kommunikation mit anderen Mitteln. Krieg wird vorbereitet, gerechtfertigt und auch beendet durch Kommunikation." (Iten, Andreas: 1995, 15) Zu Beginn des Krieges stehen Gewalt- und Hasskultur. Für politische Zwecke geschürter Hass schaltet die Vernunft aus, die Geschichte ist massgebliches Argument der Kriegskommunikation, der zum Feindbild stilisierte Gegner wird systematisch zur mit allen Mitteln zu bekämpfenden grausamen Bedrohung aufgebaut. „Die Sprache ist niemals unschuldig. Die Worte besitzen ein zweites Gedächtnis und Erinnerungen." (ebenda: 18)

5.6. Public Relations im Dienste des Krieges

„Public Relations in Kriegszeiten umfasst z.b. die Bemühungen, den oder die Gegner als Feindbilder aufzubauen. PR-Aktivitäten beinhalten auch Versuche der Bestechung bzw. Einbindung von Journalisten, Anzeigenkampagnen, Informationskontrolle (z.b. durch Zensur) sowie das Timing von Ereignissen unter Gesichtspunkten der Medienwirksamkeit." (Kunczik, Michael: 1995, 87) „Industrielle Ausmaße nahm die gezielte Einwirkung auf Nationenbilder oder Images von Staaten in der Propagandaschlacht des Ersten Weltkrieges an. Die Folge war, daß sich nach dem Krieg in den USA innerhalb kürzester Zeit Werbung und Public Relations als Industrien etablierten und die wissenschaftliche Auseinandersetzung mit den Massenmedien intensiviert wurde." (Beham, Mira: 1996, 147) Krisensituationen, die von politischen EntscheidungsträgerInnen Handlungsbedarf einfordern, bedingen Unterstützung der Öffentlichkeit, eventuell auch jene anderer Staaten, die auf einem vorhandenen Konsens beruhen kann oder durch Argumentationen geschaffen werden muss, dazu bieten PR-Maßnahmen immer umfassendere Möglichkeiten an. (vgl. ebenda: 150f) „Insbesondere in den Vereinigten Staaten, wo sich ein internationaler Führungsanspruch sowohl im politisch-militärischen Selbstverständnis als auch in einem wissenschaftlichen und technischen Fortschrittsvorsprung manifestiert, bündeln sich Interessen und Möglichkeiten zur Manipulation von Nationenbildern gerade auch im Bereich der Krisenkommunikation." (ebenda: 151) James Harff, leitender Mitarbeiter der Agentur Ruder Finn, die für ihr Bosnien-Engagement 1993 die Silbermedaille der ‚Public Relation Society of America' in der Kategorie Krisenkommunikation erhielt, definierte seine Arbeit wie folgt: „Unser Job ist es nicht, Informationen zu überprüfen. Wir sind dafür auch nicht ausgerüstet. Unsere Aufgabe ist es, Informationen, die uns günstig erscheinen, schnell in Umlauf zu bringen und ein sorgsam ausgewähltes Ziel zu treffen." (ebenda: 9) Die Münchner Journalistin Mira Beham analysierte die Arbeit internationaler PR-Agenturen, die Arbeit der Agenturen Hill und Knowlton, Ruder Finn, Waterman and Associates und andere für Kuwait, Kroatien, Bosnien unter Izetbegovic und die USA und kommt hierbei zum Schluss, dass in den medial präsenten Kriegen der letzten Jahre von „ ... systematischer Irreführung der öffentlichen Meinung ‚des Westens'" gesprochen werden muss. (Beham, Mira: 1996, 7f)

5.7. Medien, Geschlechterverhältnis und Kriegsberichterstattung

„Das massenmediale System ist ‚gendered', es ist mit dem Geschlecht verwoben. ... Die Art und Weise, in der das journalistische System seine Umwelt wahrnimmt, hängt von den gesellschaftlichen Machtverhältnissen und den innerhalb der Gesellschaft dominierenden Realitäts- und damit auch Geschlechterkonstruktionen ab und wird in diesen Rahmen durch die LeistungsrollenträgerInnen ausgefüllt." (Klaus, Elisabeth: 1998, 389) Massenmedien als soziales System liefern Wirklichkeitskonstruktionen und entwerfen damit Geschlecht mit. (vgl. ebenda: 16) „Als wichtiger Stützpfeiler von Realitätsvorstellungen und Identitätsentwürfen ist das Geschlecht eine Strukturkategorie, die die soziale Ordnung und den Umweltbezug des massenmedialen Systems entscheidend mitbestimmt." (ebenda: 16) Nach Manfred Rühls Definition stellt Journalismus Themen der öffentlichen Kommunikation her und bereit, trifft die Entscheidung darüber, was veröffentlichungswert und damit als gesellschaftlich relevant anerkannt wird, bedingt über soziale Ordnungskriterien der Umweltsysteme wie des Systems Journalismus. (vgl. dazu ebenda: 73ff) Frauen und Männern werden im Journalismus unterschiedliche Plätze zugewiesen. „Als Folge der sozialen Ordnung innerhalb des Journalismus waren Frauen an der Entwicklung der Systemregeln in ihrem Beruf kaum beteiligt." (ebenda: 77) Dies kann ein Grund dafür sein, dass sich trotz steigendem Frauenanteil die Prinzipien des Systems nicht verändert haben. Das Frauenbild der Medien hinkt den gesellschaftlichen Veränderungen der Frauenrollen hinterher, Massenmedien zeichnen ein Frauenbild, welches die Lebenszusammenhänge von Frauen reduziert und trivialisiert, auch neuere Studien belegen die allgemeine Unterrepräsentanz von Frauen, besonders in der Politik- und Wirtschaftsberichterstattung, als Politikerinnen, Expertinnen und Funktionärinnen kommen Frauen selten zu Wort, verstärkt sind Frauen in alltagsweltlichen Bezügen präsent, Frauenbelange werden kaum beachtet. (vgl. ebenda: 77ff) „Unter dem Blickwinkel der Geschlechterforschung dient das Geschlecht im Mediensystem als Klassifikationssystem, als Strukturkategorie und als Ideologie. Medien stellen Angebote für Männer und Frauen bereit, bestimmen männliche und weibliche Arbeitsrollen, definieren männliche und weibliche Aneignungsweisen, worauf die RezipientInnen und ProduzentInnen im Entwurf ihrer geschlechtlichen Identitäten Bezug nehmen können." (ebenda: 380) Die Berichterstattung über Kriege und Krisen weist die Charakteristika der Darstellung von Weiblichkeitsbildern in besonderem Maße auf, die Erfahrungen von Frauen während eines Krieges werden negiert, Frauen treten primär als Opfer auf, wobei Medien die Erfahrungswelten von Frauen nicht nur negieren sondern auch aktiv umschreiben, Frauen werden bestimmte Rollen zugewiesen, verweigern sich Frauen der Kriegsideologie und stellen das vorherrschende Weiblichkeitskonstrukt in Frage, wird dies marginalisiert, so finden die historischen wie die heutigen Belege von Frauenfriedensbewegungen kaum Eingang in die Geschichtsschreibung, Kunst und Literatur und die gegenwärtigen Massenmedien. (vgl. Pater, Monika: 1993, 100ff)

5.7.1. Darstellung der Frau als Opfer

Besonders auffallend ist, dass Frauen am liebsten als Opfer thematisiert werden. Die Studien in diesem Bereich belegen eine „ ... themen- wie rollenspezifische Präsentation der Geschlechter ... Die Frau als Opfer hat in fast allen journalistischen Themengebieten einen relativ hohen Stellenwert." (Klaus, Elisabeth: 1998, 257f) „Ihre Stimme gilt in diesem Bereich als besonders authentisch ... Die Opferrolle entspricht dem Weiblichkeitsklischee vom schönen, aber schwachen Geschlecht, das passiv und hilflos dem Übel der Welt gegenübersteht." (ebenda: 258) Studien aus dem Bereich der Printmedienberichterstattung resümmieren: „Als Beschützte wie als Opfer wird die Frau ihres Handlungspotentials beraubt, während der Mann immer handelnd in Erscheinung tritt, ob als Übeltäter oder Beschützer ... Damit wird die bestehende und geschlechtlich konnotierte Macht/Ohnmacht-Teilung der Gesellschaft auch in der Printmedienberichterstattung reproduziert." (ebenda: 258) Frauen als Gewalttäterinnen werden medial dramatisiert, sodass die Darstellung von Frauen als ohnmächtig verstärkt wird, „ ... weil diese nur in ihrer Handlungsunfähigkeit und gesellschaftlichen Unsichtbarkeit schuldlos bleiben können. Genau dieses Muster gilt auch für die Berichterstattung über Sexualität und sexuelle Gewalt." (ebenda: 258) Die Verknüpfung von Gewalt und Geschlechtlichkeit erfolgt weniger entlang der Opfer-Täter-Linie, „ ... sondern vor allem auch durch die Unterscheidung von Passivität/Hilflosigkeit/Schwäche auf der einen Seite und Aktivität/physische Kraft/Macht auf der anderen Seite." (ebenda: 280)

5.7.2. Greuelberichterstattung und Geschlecht

Kriege werden von Greuelberichterstattung begleitet, besonders eignen sich Frauen und Kinder für Greuelgeschichten. Während des Ersten Weltkriegs wurden Geschichten von öffentlichen Massenvergewaltigungen belgischer Mädchen durch deutsche Offiziere detailliert geschildert, die angeblichen deutschen Greuel in Belgien haben die Kriegsmoral der Alliierten in besonderem Maße gestärkt, in Frankreich schufen die Redaktionen den Rubriktitel ‚Deutsche Greuel', auch in England wurden sie Informationsstandard, während in Österreich-Ungarn und Deutschland serbische Greuel ausführlich behandelt wurden. (vgl. Beham, Mira: 1996, 27ff) Die Ziele der alliierten Greuelberichterstattung waren wohlkalkuliert, sie sollte den Kampfgeist von Soldaten und Zivilbevölkerung stärken, Aufnahme von Kriegsanleihen fördern, Völkerrechtsverletzungen rechtfertigen, sie begründeten die Ablehnung frühzeitiger Friedensangebote und konnten strenge Friedensbedingungen aufzwingen. Eine der wesentlichsten Aufgaben war die Beeinflussung der neutralen Staaten, durch emotionale Einflussnahme auf die Bevölkerungen. (vgl. ebenda: 31) Im Golfkrieg II plazierte die PR-Agentur ‚Hill & Knowlton' geschickt die Brutkasten-Geschichte, auf deren Basis Saddam Hussein zum Bösen schlechthin stilisiert werden konnte, der Vergleich mit Hitler stimmig erschien und die Kriegsoption fundiert wurde. (vgl. ebenda: 156) Susanne Kappeler hat die Medienberichterstattung im Bürgerkrieg im ehemaligen Jugoslawien in bezug auf das Thema systematische Vergewaltigungen scharf kritisiert, nicht die Frauen, sondern die Interpretation der Bedeutung von Vergewaltigung stand im Mittelpunkt, die betroffenen Opfer wurden zum Objekt der Geschichte. (vgl. Schmölzer, Hilde: 1996, 215) Während das persönliche Leben und Leid der Frauen, ihre Integrität kaum Gegenstand der Diskussion wird, werden Zahlenmaterial, das Ausmaß des Schreckens, detaillierte Schilderungen besonderer Grausamkeiten der Täter und höchstens die Auswirkung auf die je betroffene Gruppe von Frauen in den Vordergrund gestellt, so stand im Mittelpunkt der Diskussion um die serbischen Vergewaltigungslager nicht die Frau, sondern die antiserbische Propaganda. (vgl. Grabner, Kerstin/Sprung, Annette: 1999, 172) Martin Lettmayer von stern-Tv, der Erfahrungen als Kriegsberichterstatter im ehemaligen Jugoslawien gesammelt hatte, hat in der Sendung ‚Kriegsziel Massenvergewaltigung? Bosnien und die deutsche Presse' im Süddeutschen Rundfunk am 14. Juni 1994 selbstkritisch Position bezogen. „Im Fall Bosnien habe ich erkannt, daß gerade in Deutschland und in Europa eine große Nachfrage nach Reportagen aus diesem Gebiet besteht. Deswegen bin ich hingefahren. Ich muß zugeben, ich habe sehr viel damit verdient. ... Damals wollte einfach jeder diese Vergewaltigungsgeschichte. Und zwar so, daß sie bestätigt und weitergeführt wird. Keiner wollte eine Recherche, die sie vielleicht in Zweifel ziehen konnte." (Beham, Mira: 1996, 232)

5.8. journalistische Ethik

Die Mediendeklaration der UNESCO aus dem Jahr 1978 ist ein Dokument, das die Verantwortung der einzelnen Journalistin bzw. des einzelnen Journalisten zur Erhaltung des Friedens einmahnt, sie wurde auch in Österreich verbindlich unterzeichnet und nennt folgende Punkte: „Förderung der internationalen Verständigung, Förderung der Menschenrechte, dezidierte Ablehnung aller Formen der Massendiskriminierung und Unterdrückung, besonders aber der Aufstachelung zum Krieg." (Fabris, Hans-Heinz: 1991, 47) In Diskussionen zwischen WissenschafterInnen und JournalistInnen in Schlaining wurden folgende Kriterien herausgearbeitet: „Wenn die Entwicklung einer Kultur des Friedens bedeutet, aus der bisherigen Geschichte aus- und umzusteigen, so gilt das auch für die psychologische Kriegsführung, für den alltäglichen Umgang der Medien mit (nicht nur militärischer) Gewalt als Mittel der Konfliktlösung." (ebenda: 47) Daraus folgt, dass zur Kompetenzerweiterung auch ExpertInnen aus Friedens- und anderen Solidaritätsbewegungen herangezogen werden sollten, alternative Formen von Berichterstattung entwickelt werden müssten, in denen etwa die Perspektive des Opfers in den Vordergrund gerückt wird, JournalistInnen Feindbilder, die Teil der Kriegsstrategie sind abbauen müssten, vertrauensbildende Maßnahmen, etwa Kontaktintensivierung zwischen den Menschen grundgelegt werden sollten, schließlich liegt es an den Friedensbewegungen ihre Informationsarbeit zu professionalisieren, besser an journalistische Arbeitsbedingungen anzupassen. (vgl. ebenda: 47) „Ethik und ethische Ansprüche spielen eine Rolle, sobald der Blick sich nicht nur auf die Form, sondern auch auf die Inhalte der gesellschaftlichen Funktion des Journalismus und seiner historischen Ausdifferenzierungen richtet ... auch der Anspruch der Frauen auf gleichberechtigte Teilhabe an der Öffentlichkeit und auf die Diversifizierung massenmedialer Geschlechtsbilder enthält eine moralphilosophische Seite und korrespondiert mit dem grundlegenden ethischen Anspruch bürgerlicher Öffentlichkeit." (Klaus, Elisabeth: 1998, 89)

5.9. Bedingungen für eine Friedensberichterstattung

„Das Umschreiben von Geschlechterkonstruktionen in den Medien und anderswo kann ein erster Schritt ... zu einer Entmilitarisierung der Gesellschaft sein. ... Der Militarisierung als sozialem Prozeß kann im Bereich der Medien entgegengewirkt werden, wenn alternative Geschlechterkonstruktionen nicht länger marginalisiert ... trivialisiert und lächerlich gemacht werden." (Pater, Monika: 1993, 108) Johan Galtung und Richard Vincent nennen als Bedingungen für eine andere Kriegsberichterstattung Genauigkeit, die sich auf Quellenvielfalt und korrekte Fakten sowie darauf bezieht, zu versuchen, Zugang zu Ereignissen, Menschen und Themen zu bekommen, statt sich zuviel an Eliten zu orientieren, die auch eine Vielzahl verschiedener ExpertInnen berücksichtigt, des weiteren die Vermeidung der Glorifizierung von Kriegstechnologie, Medien sollten den Schrecken des Krieges zeigen, dies hat mit Aufrichtigkeit zu tun, sie sollten auch zeigen, dass Krieg schmerzt, Verlust und Tod mit sich bringt, sollten ‚Human-Interest-Storys' beinhalten, da Berichte über ‚normale' Menschen, die unter Kriegsbedingungen leben müssen, emotionale Bezugspunkte schaffen, des weiteren Hintergrundberichte und tiefgreifende Analysen, die verständniserweiternd sind, sowie kritische Distanz zu Manipulationsversuchen von Militärs, Regierungen etc., schaffen. Friedensinitiativen sollten thematisiert und infolge der Berichterstattung gefördert werden, denn sie beleuchten andere Sichtweisen. (vgl. Vincent, Richard/Galtung, Johan: 1993, 182ff) „Die Medien können Kommunikationskanäle öffnen, damit wir besser aus Kriegsereignissen lernen und verschiedenen Lösungsmöglichkeiten entdecken können. Wenn Kommunikation effektiv ist, können Konflikte gelöst werden. Politische und ökonomische Gleichheit von Ländern kann nur durch gleichen Zugang zu Informationen sowie durch eine faire und vollständige Berichterstattung der Weltpresse ermöglicht werden." (ebenda: 210) Um sich seine eigenen Meinungen über Krisen und Konflikte bilden zu können, fordert Mira Beham eine kritische Kommunikationswissenschaft, die Nachrichtenkampagnen als solche identifiziert und überprüft. Mira Beham spricht von kommunikativer Intervention. „Das Entscheidende ist, daß dem Publikum demokratischer Gesellschaften klar gemacht wird, von welchem Interesse die Berichterstattung gesteuert wird, dass alternative Quellen offengelegt werden und daß zum Zweifel ermutigt wird. ... Demokratie könnte zur Farce werden, wenn es auf Dauer geschickten PR-Agenturen erlaubt würde, die öffentliche Erregung mehr oder weniger beliebig an- und abschwellen zu lassen und auf diese Weise prinzipielle Entscheidungen über Krieg und Frieden zu beeinflussen." (Beham, Mira: 1996, 10)

Exkurs: Gesamtjugoslawische Entwicklung

6. Geschichte Südosteuropas bis zum 20. Jahrhunderts

Bis ins 19. Jahrhundert veränderte sich der Grenzverlauf zwischen Habsburgerreich und Osmanischen Reich signifikant, um die Mitte des 14. Jahrhunderts begann die Osmanisierung Südosteuropas, 1878 wurde Rumänien, Montenegro und Serbien ihre volle Unabhängigkeit zugestanden, Bosnien-Herzegowina unter habsburgische Verwaltung gestellt und Bulgarien ein autonomer Status zugesichert, diese Grenzziehung bedingte eine Zivilisationsgrenze zwischen Christentum und Islam, die die zwei Hälften Südosteuropas unterschiedlich geprägt hat. Die Zentren lagen außerhalb oder am Rande Südosteuropas, es waren Wien und Istanbul, eine Zeitspanne hinweg Venedig und ab dem beginnenden 19. Jahrhundert Russland. (vgl. Kaser, Karl: 1999, 9f) Im Verlauf des 16. Jahrhunderts stieg das nordwestliche Europa zum Zentrum der kapitalistischen Wirtschaft auf, in Südost- und Osteuropa begannen sich hingegen die Feudalstrukturen zu vertiefen, damit geriet Südosteuropa an die Peripherie der kapitalistischen Weltwirtschaft und entwickelte sich ökonomisch weniger rasch als das Zentrum im Norden, zwischen 16. und 18. Jahrhundert verlor das Osmanische Reich den Charakter einer eigenen Weltwirtschaft, wurde als Peripheriegebiet in die europäische Weltwirtschaft einbezogen, und entwickelte sich zur rohstoffproduzierenden Region für die Märkte des europäischen Zentrums. (vgl. ebenda: 11ff) „Man könnte insgesamt festhalten, daß sich die makropolitischen und makroökonomischen Entwicklungen gerade an den Peripherien zumeist in ihren negativen Auswirkungen manifestieren: Migrationen, Phänomene der Gleichzeitigkeit des Ungleichzeitigen, krasse soziale Ungerechtigkeiten." (ebenda: 15) Den nationalen Auseinandersetzungen des 20. Jahrhunderts liegen Migrationsprozesse seit dem 16. Jahrhundert zugrunde, von den Wanderungen wurden die griechische, bulgarische, serbische, kroatische und albanische Bevölkerung erfasst, wobei die Vlachen, deren Identität sich je nach Berührung mit anderen Ethnien veränderte und die in ihrer Zusammensetzung sehr heterogen waren, deren Spuren sich später verlieren, eine wesentliche Migrationsgruppe waren, große Anteile der heutigen albanischen, griechischen, makedonischen, serbischen und kroatischen Nation sind auf die Gruppe der Vlachen zurückzuführen. Zwischen dem 15. und 17. Jahrhundert kam eine große Anzahl von SerbInnen und Vlachen nach Bosnien bis an die habsburgische Militärgrenze in Kroatien, ihre orthodoxe Glaubenszugehörigkeit wurde entscheidend für ihre spätere serbische Identität, seit damals markierte ein serbisch-kroatisch-muslimisches Bevölkerungsgemisch den östlichen Grenzstreifen der

Habsburgermonarchie, die Rückeroberungen durch die Habsburger im 17. Jahrhundert lösten weitere Wanderungen aus, aus Slawonien flüchteten die Muslime, es folgten serbische, ungarische, deutsche und slowakische Gruppen nach, die serbische Bevölkerung Kosov@s wanderte mit den verbündeten habsburgischen Truppen, die bis nach Bosnien, Makedonien und Kosov@ kamen aus Angst vor osmanischen Rachefeldzügen nach Westen, dies hatte gravierende Auswirkungen auf das demographische Gefüge, der serbische Siedlungsschwerpunkt verlagerte sich in den Norden, während die Region Kosov@ ab Ende 17. Jahrhundert von albanischen Familien besiedelt wurde, der kontinuierliche Zuzug führte ab dem 19. Jahrhundert zur albanischen Bevölkerungsmehrheit. Als es im Verlauf des 19. und beginnenden 20. Jahrhunderts zur Bildung der Balkanstaaten kam, war die Vielfalt der Ethnien noch gegeben. (vgl. ebenda: 15ff) Infolge einer sich in gegenseitigen Interessenkonflikten befindenden Großmachtpolitik wurden jene gewaltvollen Auseinandersetzungen mitverursacht, die bis heute die Kriegs- und Krisensituationen in Südosteuropa prägen. Rußland vertrat seine Interessen mit der unter dem Begriff ‚Panslawismus' zusammengefassten Politik und hatte Handels- und Schifffahrtsrechte vom Schwarzen Meer durch den Bosporus, für Großbritannien bot der griechische Aufstand 1821 die erste Möglichkeit, sich außenpolitisch zu engagieren, das Habsburgerreich war gemäß seiner Interessenslage bestrebt, Serbien, das sich seit 1830 beträchtlich nach Süden ausgeweitet hatte, nicht den territorialen Zugang zur Adria zu ermöglichen, dazu wurden Bosnien und Herzegowina okkupiert, als Instrument diente die religiöse Zugehörigkeit, Rußland beanspruchte Schutzmacht für die orthodoxe Bevölkerung zu sein, Frankreich und das Habsburgerreich für die katholische Bevölkerung, für Frankreich waren die Inseln der Ägäis relevant. (vgl. ebenda, 19f)

6.1. Abstammungsmythen und Nationenbildung

Die Frage, nach welchen Kriterien sich Nationen formieren können ist äußerst komplex: auf die meisten Ethnien trifft zu, dass sie keine jahrhundertealten stabilen Staatsgrenzen kennen. Die Idee der Nationalstaatsbildung, die Idee von der Nation als ethnisch homogenem Gebilde stand in Südosteuropa in krassem Widerspruch zu den komplexen multiethnischen Gegebenheiten. Das mittelalterliche serbische Reich war multiethnisch und multikulturell und umfasste Makedonien ebenso wie ‚Altserbien' und die albanischen Gebiete. „Die ethnopolitische Forderung, alle Mitglieder einer Nation müßten in einem gemeinsamen Staat leben, war mit der Realität nicht verträglich, in der Mitglieder der betreffenden Nation als Minderheiten in anderen Staaten lebten. ... Wo Fakten fehlten, mußten Mythen und Projektionen in die Vergangenheit ... einen Legitimationszusammenhang für aktuelle nationalpolitische Forderungen herstellen ..." (Fischer, Gero: 1999, 26) Die Geschichte der Nationenbildung ist reich an Abstammungsmythen: „So sind nach griechischem Mythos die Makedonier Griechen, die sprachlich slawisiert wurden; nach kroatischen und serbischen Mythen sind die Muslime Bosniens abstammungsmäßig Kroaten bzw. Serben, die irgendwann zum Islam konvertierten; nach ähnlichem Muster sollen die Serben in Kroatien blutsmäßig Kroaten sein, die zur Orthodoxie konvertierten etc.; nach serbischen Mythos sind die Albaner im Kosovo Eindringlinge im Gefolge der osmanischen Okkupation usw. ... So geriet Geschichte zur nationalistisch verklärten Nabelschau, aus der die ‚Wiederherstellung' historischer Rechte bzw. nationaler Größe zur patriotischen Aufgabe wurde. ... Die Mittel, diese ‚historischen Rechte' – im Sinn einer ethnischen Homogenisierung der beanspruchten Territorien – einzufordern, schlossen in letzter Konsequenz Vertreibung, ethnische Säuberung und Genozid mit ein." (ebenda: 26) „Der 1918 proklamierte Staat der Serben, Kroaten und Slowenen (SHS) war in ethnischer und sprachlicher Hinsicht ein überaus komplexes Gebilde. Vier Fünftel der Bewohner waren Südslawen, ein Fünftel Deutsche, Ungarn, Albaner und weitere kleinere Gruppen. Multiethnizität, ein Geflecht interethnischer Beziehungen, ein Kontinuum von sprachlichen und ethnischen Identitäten bildeten das Charakteristikum für das gesamte Territorium ‚Jugoslawien'." (ebenda: 27) Die Sprache ist so vielschichtig wie die Religionszugehörigkeit, bei der Sprache ist die Unterscheidung zwischen Serbisch und Kroatisch eine Frage der Orthographie, in bezug auf die Schriftsprachen gab es in Jugoslawien das Slowenische, das Serbokroatische (mit den Varianten Serbisch und Kroatisch) und das Makedonische, dazu kamen die nichtslawischen Sprachen wie Deutsch, Ungarisch und Albanisch. Bei den Konfessionen gilt es KatholikInnen (SlowenInnen, KroatInnen, Deutsche, UngarInnen), ProtestantInnen (Deutsche, UngarInnen), Orthodoxe (SerbInnen, MakedonierInnen) und Muslime (bosnische Muslime, AlbanerInnen) zu unterscheiden, die weitere Teilung des jugoslawischen Territoriums vollzieht sich durch die kulturellen Einflußzonen: der Norden, dessen Grenze die Linie Una-Save-Donau bildet, ist charkaterisiert durch abendländische, katholische, italienische Einflüsse, der Süden durch byzantinische, ostkirchliche Einflüsse, dazu gab es viele Übergangsregionen. Slowenien entwickelte enge Bindungen zu mitteleuropäischen geistigen und kulturellen Strömungen, in Kroatien-Slawonien entstand in Personalunion mit Ungarn bis 1918 ein katholisches Königreich, das weniger mitteleuropäisches Gepräge aufwies als Slowenien, südlich dieser Kulturgrenze waren in Montenegro und in Kosov@ rivalisierende Staatenbildungen vorherrschend. Die Aufstände zu Beginn des 19. Jahrhunderts brachten die allmähliche Befreiung von der Fremdherrschaft, Montenegro wurde von Fürstbischöfen verwaltet, Bosnien und Herzegowina wurde von Österreich-Ungarn annektiert und Makedonien, seit dem Mittelalter Konfliktpunkt zwischen Serbien, Bulgarien und Griechenland wurde 1912/13 zwischen Griechenland und Serbien aufgeteilt. (vgl. ebenda: 27f)

6.2. Entwicklungsgeschichte Südosteuropas im 20. Jahrhundert

Die Geschichte Südosteuropas im 20. Jahrhundert ist geprägt von Nationsbildungsprozessen, die die traditionelle Interethnizität der Region ausmerzen wollte, schon der Verlauf der Balkankriege 1912/13 zeigte, was an nationalistischer Leidenschaft, an Haß und Gewalt sich noch entwickeln sollte, in diesen Kriegen setzten die beteiligten südosteuropäischen Staaten, allen voran Serbien, Griechenland und Bulgarien das Mittel der ethnischen Säuberung gegen die Zivilbevölkerung in den eroberten Gebieten Makedonien, Kosov@ und Thrakien ein. Im ersten 1918 gegründeten jugoslawischen Staat bildeten die SerbInnen die größte Gruppe, gefolgt von KroatInnen, SlowenInnen, bosnischen Muslimen und MakedonierInnen, Serbien untermauerte seine starke Position durch die Armee, zusehends wurden jene Parteien, die nationalistische Positionen vertraten stärker, die Konflikte verschärften sich und ab 1929 regierte der König das Land diktatorisch. Der Mythos der dreinamigen Nation wurde zusehends zum Instrument der Diskriminierung aller nichtserbischen Bevölkerungsanteile Jugoslawiens, die Auflehnung gegen die serbische Dominanz führte zur Gründung nationalistischer Befreiungsbewegungen in Kosov@ und in Makedonien, es kam zu militärischen Auseinandersetzungen, die Regierung verschärfte die Repression, in den 1930iger Jahren schien die Bildung einer integral-jugoslawischen Gesellschaft unwahrscheinlich, infolge der Weltwirtschaftskrise gerieten die südosteuropäischen Staaten in zunehmende ökonomische Abhängigkeit Deutschlands, im Zuge des Zweiten Weltkrieges kapitulierte Jugoslawien im April 1941, es wurde territorial zerrissen, wobei Italien, Ungarn und Bulgarien Anteile erhielten. (vgl. Fischer, Gero: 1999, 31ff) Die Ustascha mit großkroatischem Programm entstand 1929, in Kroatien wurde der von Italien und Ungarn unterstützte faschistische ‚Unabhängige Staat Kroatien', noch vor der Kapitulation Jugoslawiens unter deutschem und italienischen Schutz ausgerufen, es begannen ethnische Säuberungsmaßnahmen, Vertreibung und Genozid, das KZ Jasenovac und andere spielten dabei eine zentrale Rolle. Die Partisanenbewegung unter Tito gewann ab 1941 immer mehr an Boden, ab Ende 1943 wandten sich die Alliierten den Tito-Partisanen zu, die kommunistische Partei Jugoslawiens bildete ihr ideologisches Rückgrat, sie versprach die Unantastbarkeit des Privateigentums und die Lösung gesellschaftlicher Fragen auf demokratischen Weg, mit dem Programm der nationalen Gleichberechtigung stand die Partisanenbewegung allen Nationen und Nationalitäten offen. Als Tito 1943 zentrale Angriffe der Besatzungsmächte abwenden konnte, konsolidierte er seine Position. Die KPJ wurde führende politische Kraft, die Teilnahme der Bevölkerung an der Befreiung von den Besatzungsmächten ohne fremde Hilfe wurde nach 1945 als Votum für die Errichtung eines Staates Jugoslawien interpretiert. Am 29.11.1945 wurde die ‚Föderative Volksrepublik Jugoslawien' ausgerufen, die sich aus sechs Bundesstaaten bildete: Slowenien, Kroatien, Bosnien-Herzegowina, Serbien mit den autonomen Gebieten Vojvodina und Kosov@, Montenegro und Makedonien.

Amtssprachen waren das Serbische, Kroatische, Slowenische und Makedonische, die Minderheiten der AlbanerInnen, UngarInnen, TürkInnen, RumänInnen etc. erhielten das Recht auf eigene Schulen, Verlage, Zeitungen und kulturelle Einrichtungen. (vgl. ebenda: 37ff)

6.2.1. Titoismus

Das Selbstverwaltungsmodell verstand sich als Gegenmodell zur Sowjetunion, der Balanceakt des Titoismus, nach dem Bruch mit Moskau sich dem Westen anzunähern ohne von diesem abhängig zu werden sicherte die Souveränität Jugoslawiens, das alsbald führende Rolle der blockfreien Staaten einnahm und sich gegen die Ost-West-Konfrontation engagierte, dieses Politikverständnis wurde von einem Großteil der Bevölkerung mitgetragen, es schuf ein jugoslawisches Nationenbild und schien nationale Gegensätze überwindbar zu machen, mit der Reformierung der Wirtschaftslenkung und der Föderalisierung von Staat und Partei, als in den 60iger Jahren das Wirtschaftswachstum stagnierte, wurde das Modell von Krisen begleitet, nationale Konflikte entfachten erneut. (vgl. Fischer, Gero: 1999, 44) Die Verfassungsnovellen 1967 und 1968, sowie die Verfassungsänderungen von 1971 und 1974 vollendeten die Föderalisierung, an der Spitze des Staates stand nun ein kollektives Führungsgremium, analog zum Parteipräsidium, mit je einem Vertreter der Republiken und der autonomen Gebiete und dem Präsidenten, die übrigen Bundesorgane wurden nach dem Republikenproporz besetzt, die Kompetenzen der zentralen Organe zugunsten der Republiken beschnitten, damit erhielten auch die autonomen Provinzen mehr Rechte, der Zentralismus wurde in einen Polyzentralismus der einzelnen Republiken und autonomen Gebiete transformiert, der die regionalen Oligarchien stärkte, Föderalismus und Dezentralisierung führten zu nationalen Kontroversen, im Herbst 1967 wurden in Westmakedonien und Kosov@ Unruhen die auf der Forderung eines Republikstatus beruhten, blutig niedergeschlagen. Parallel zur föderativen Umstrukturierung von Staat und Partei verlief der Prozess der Neupositionierung im wirtschaftlichen Verteilungskampf unter nationalen Vorzeichen, in Kroatien gab es sezessionistische Bestrebungen, Tito erzwang kraft seines Ansehens das Ende des Kroatischen Frühlings, die Auflösung Jugoslawiens schien sich abzuzeichnen, Tito gelang die Stabilisierung, Jugoslawien überlebte seinen Begründer noch um etwa ein Jahrzehnt. Der eigenständige Selbstverwaltungsweg lebte mit dem Widerspruch, dass das Machtmonopol der Partei nie ernsthaft in Frage gestellt wurde, sondern nur auf die Oligarchien der sechs Republiken und zwei autonomen Provinzen verlagert wurde. (vgl. ebenda: 45f)

6.3. Der Zerfallsprozess des Vielvölkerstaates Jugoslawien

6.3.1. ökonomische Krise

Den Unabhängigkeitserklärungen der nordwestlichen Republiken ging eine tiefe ökonomische Krise voraus, erste Krisenerscheinungen traten Ende der 60iger Jahr auf, Weltbank und Internationaler Währungsfond, deren Mitglied Jugoslawien von Anfang an war, forderten als Kreditgeber Weltmarktanpassungen auf Kosten sozialer Leistungen und ein Konkursprogramm, die Bevölkerung reagierte mit heftigem Widerstand, teils flüchteten die betroffenen ArbeitnehmerInnen in die teilsubsistente Welt ihrer Vorfahren, teils kam es zu sozialen Kämpfen. Das jugoslawische Wirtschaftsmodell wies eine halbagrarisches und halbproletarische Struktur auf, über 80% des Bodens war privat, die bäuerliche Struktur primär auf Selbstversorgung ausgerichtet. In der ersten Hälfte der 80iger Jahre war der Reallohn der ArbeitnehmerInnen um 40% zurückgegangen, gleichzeitig kam es zu massiven Preiserhöhungen. (vgl. Hofbauer, Hannes: 1999, 49ff) Vor dem Hintergrund einer ernsthaften wirtschaftlichen Krise verschärfte sich der regionale Verteilungskampf, die Einkommensunterschiede der fast 24 Millionen JugoslawInnen waren enorm, Slowenien lag mit seinem Bruttoinlandsprodukt noch vor den EU-Staaten Portugal und Griechenland, danach folgten Kroatien und die Vojvodina, danach Serbien mit Kosov@, Kosov@ bildete das Schlußlicht, zwischen 1990 und 1991 ging die Erzeugung von Industrieprodukten in Folge der IWF-Richtlinien um ein Fünftel zurück, das Realeinkommen sank um weitere 15%, gab es im März 1991 in Belgrad noch sozialen Protest, der unter Slobodan Milosevic von der Armee unterdrückt wurde, dominierten später die nationalen Argumente Straßen und Parlamente in allen Teilrepubliken, wobei die ins nationale Aufbegehren gewendeten sozialen Proteste von Regierung und Armee nicht unterdrückt wurden, sie boten das gesellschaftliche Potential des Machterhalts. (vgl. ebenda: 51ff) „Auf die Anfangsphase der gesamtwirtschaftlichen Reform 1980 folgte der Absturz des industriellen Wachstums auf 2,8 Prozent in der Zeitspanne von 1980 bis 1987, der weitere Fall auf Null für den Zeitraum 1987/88 bis hin zu einem Minus von 10,6 Prozent 1990. Die Auswirkungen der Wirtschaftsreform erreichten ihren Gipfel unter der Pro-US-Regierung von Ministerpräsident Ante Markovic." (Chossudovsky, Michel: 1999, 224) Durch die 1990 gesetzten wirtschaftlichen Maßnahmen wurde das föderale System weitgehend lahmgelegt, die Staatseinnahmen, als Transferleistungen für die Bundesrepubliken und autonomen Provinzen gedacht, wurden an den Schuldendienst Belgrads gebunden, die Republiken größtenteils sich selbst überlassen, was den Prozess des politischen Zerfalls beschleunigte, die Haushaltskrise ebnete den Weg für die Sezession Kroatiens und Sloweniens. (vgl. ebenda: 224f) „Nach den von IWF und Weltbank geforderten Reformen wurden Kredite für den industriellen Sektor eingefroren – mit dem Zweck, die Konkursentwicklung zu beschleunigen." (ebenda: 226) Mit dem Finanzhandelsgesetz mussten Unternehmen, die innerhalb einer 45-Tage-Periode zahlungsunfähig waren, mit ihren Geldgebern innerhalb der nächsten 15 Tage eine Einigung erzielen, war keine möglich, wurde der Konkurs eingeleitet, die Beschäftigten ohne Abfindungszahlungen entlassen. Mit diesem Gesetz verlor die Regierung jede Interventionsmöglichkeit, offiziellen Angaben zufolge wurden 1989 248 Firmen aufgelöst und mehr als 600.000 Beschäftigte entlassen, die größte Konzentration von Firmenkonkursen gab es in Serbien, Bosnien-Herzegowina, Makedonien und Kosov@. (vgl. ebenda: 226f) „Die Reallöhne befanden sich im freiem Fall, die Sozialprogramme waren zusammengebrochen, und die Arbeitslosigkeit nahm aufgrund der Pleiten von Industrieunternehmen überhand. Die Faktoren schufen in der Bevölkerung eine Atmosphäre von sozialer Verzweiflung und Hoffnungslosigkeit." (ebenda: 227) „Ein innerjugoslawischer Wirtschaftskrieg ging dem Schießkrieg voraus. Slowenien und Serbien boykottierten einander bereits seit 1989/90, gegenseitige Einfuhrverbote bestimmten die Wirtschaftspolitik;" (Hofbauer, Hannes: 1999, 53) Die verfeindeten Machthabenden benutzten die Wirtschaft von Anfang an als Kampfmittel gegeneinander, dabei schien die Schädigung des Gegners wichtiger als der eigene Nutzen zu sein, verheerende Auswirkungen für sämtliche jugoslawische Produktionsbetriebe hatte die totale Marktöffnung 1990. Zur Jahreswende 1989/90 wurde die Umsetzung des Sanierungsplan von Ante Markovic unter IWF-Kontrolle begonnen. Inmitten der Wirtschaftskrise bemächtigte sich Milosevic der Notenbank und ließ Dinar drucken, um die ausständigen Löhne der öffentlich Bediensteten auszubezahlen, entgegen dem IWF-Sanierungsplan, welcher auf Geldverknappungspolitik beruht hatte, infolgedessen mag im Westen jener Meinungsumschwung vorbereitet worden sein, der zur Isolierung Serbiens und Zerstückelung Jugoslawiens geführt hat, 1992 wurde die Mitgliedschaft Jugoslawiens beim IWF eingefroren, weil man sich zwischen den Republiken über Verteilung von Schulden und Eigentum nicht einigen konnte. (vgl. ebenda: 53ff) In der ‚Sicherheits-Direktive (NSDD 133) von 1984' unter dem Titel ‚US-Politik gegenüber Jugoslawien', wurden bereits unter der Reagan-Administration strategische Überlegungen zu Jugoslawien festgelegt. Als Ziele wurden Bemühungen formuliert, mittels einer stillen Revolution zum Sturz kommunistischer Regierungen und Parteien zu gelangen, sowie zur Reintegration der osteuropäischen Länder in den Einflussbereich des Weltmarktes. (vgl. Chossudovsky, Michel: 1999, 224)

6.3.2. Die Bürgerkriege

Die Föderalisierung bedingte auch die Dezentralisierung der militärischen Kräfte, republikseigene Territorialverteidigungskräfte wurden gestärkt, aus diesen entwickelte sich mit sich abspaltenden Teilen der Volksarmee der Kern der nationalen Militärapparate. (vgl. Hofbauer, Hannes: 1999, 49) Der slowenische Separatismus wurde zum Schlüssel für die westeuropäische und US-amerikanische Osterweiterung in diesem Raum, überall in Jugoslawien dominierten nationalistische Kräfte, Milosevic wurde zur serbischen nationalen Kraft, in Kroatien und Bosnien bekleideten Franjo Tudjman und Alija Izetbegovic die höchsten politischen Ämter, beide waren wegen nationalistischer bzw. muslim-fundamentalistischer Umtriebe bereits mehrfach mit Gefängnisstrafen bedacht worden, in Makedonien besann man sich der nationalen Eigenheiten, das Selbstbestimmungsrecht der albanischen Bevölkerung im Kosov@ war seit Jahrzehnten ausschließlich national definiert. Slowenien und Kroatien beschlossen mit indirekter Rückendeckung Deutschlands und Österreichs am 25. Juni 1991 einseitig ihre Unabhängigkeit, dies führte zum Ausbruch der Kriege, sie wurden am 23. Dezember 1991 bzw. 15. Jänner 1992 von den EG-Staaten international anerkannt, am 13. August 1992 erkannte Belgrad Slowenien und Kroatien an. Die ‚Kroatische Demokratische Union', die unter Franjo Tudjman die Wahlen im April 1990 gewonnen hatte stand für kroatischen Nationalismus, das Referendum über die Unabhängigkeit war von den SerbInnen der Krajina, die sich nach der Machtergreifung Tudjmans organisiert hatten und eine ‚Serbische Autonome Provinz Krajina' ausgerufen hatten, boykottiert worden, ein Symbol für den kroatischen Nationalismus wurde unter Beteiligung der katholischen Hohepriester der Ausmarsch beim katholischen Kloster Listica, wo zwischen 1941 und 1945 Tausende orthodoxe und muslimische SerbInnen zwangskatholisiert worden waren. (vgl. ebenda: 59ff) 1990 wurde in Kroatien das Schachbrettwappen, die alte Ustascha-Fahne gehisst, die serbische Minderheit wurde aus der neuen Verfassung gestrichen, Präsident Tudjman hatte sich als Historiker mit der ‚kroatischen Auschwitzlüge' einen Namen gemacht, zehntausende SerbInnen sind bereits vor dem Krieg vertrieben worden. (vgl. Beham, Mira: 1996, 216) „Der ‚Kern' der kroatischen Veränderungen war ein Aufbruch in die Vergangenheit: Zum ersten großen Kongreß der Tudjman-Partei HDZ wurden hunderte emigrierte Kriegsverbrecher aus der Ustascha-Zeit eingeladen, Straßennamen wurden nach Ustascha-Größen umbenannt, die Kuna, das Ustascha-Zahlungsmittel wurde wieder eingeführt, aus dem ehemaligen Konzentrationslager Jasenovac (nach der Rückeroberung im Sommer 1995) alle Spuren des Gedenkens an die Opfer des Faschismus entfernt." (ebenda: 216) Der letzte Kommandant von Jasenovac, Dinko Sakie, wurde in der kroatischen Öffentlichkeit rehabilitiert, er hatte in einem Interview ausgesagt, er bereue nichts, außer nicht konsequent gewesen zu sein. (vgl. ebenda: 217) Die 12% primär in der Krajina und in Slawonien angesiedelten kroatischen SerbInnen wurden als Minderheiten Repressionen ausgesetzt, die meisten vertrieben. Waffen für Kroatien kamen aus Ungarn, billigstkreditiertes Geld mit einem Zinssatz unter 1% kam aus dem Vatikan. Fünf Wochen nach der einseitigen Ausrufung der kroatischen Unabhängigkeit eskalierten die paramilitärischen Auseinandersetzungen zum Krieg. Am 1. August 1991 rückte die Jugoslawische Volksarmee in Ostslawonien ein, hunderttausende KroatInnen wurden aus Slawonien und anderen Landesteilen vertrieben, während SerbInnen vor kroatischen Vergeltungsmaßnahmen flohen, in

Westslawonien wurde durch die UNPROFOR eine erste UN-Schutzzone eingerichtet. (vgl. Hofbauer, Hannes: 1999, 73ff) Anfang August 1995 eroberte die kroatische Armee in einen Blitzkrieg (Militäraktion ‚Sturmgewitter') die seit 1991 von den kroatischen SerbInnen gehaltene Krajina zurück. (vgl. Beham, Mira: 1996, 166ff) „Es waren US-Militärs, die die Pläne für diesen historischen Feldzug entworfen haben, der nach Angaben vom Vermittler der Europäischen Union, Carl Bildt, den Tatbestand der ‚ethnischen Säuberung', der größten seit Beginn der Balkankriege, erfüllte und zwischen 200 000 und 250 000 Serben in vier Tagen heimatlos machte." (ebenda: 168) US-Präsident Clinton erklärte in einer Pressekonferenz dazu lapidar, er habe ‚ein gewisses Verständnis' für die kroatische Aktion. (vgl. ebenda: 168) Im Krieg um Bosnien fielen die ersten Schüsse am 6. April 1992, am Tag der Anerkennung durch die EG im Zentrum von Sarajevo, die EG hatte diesen Schritt ausgerechnet auf den Gedenktag 6. April 1941, der Hilters Überfall auf Jugoslawien markiert, gesetzt. Alija Izetbegovic, der sein bosnisch-nationales Programm mit fundamentalistischen Glaubenssätzen versetzt hatte, gewann mit seiner ‚Partei der demokratischen Aktion' am 2.12.1990 die Wahl, gefolgt von der serbisch-nationalen Partei ‚Serbische Demokratische Partei' und der kroatischen Partei ‚Kroatische Demokratische Gemeinschaft', das Wahlergebnis kam einer Volksgruppenzählung gleich. (vgl. Hofbauer, Hannes: 1999, 83ff) In Bosnien-Herzegowina, lebten 1991 43,7% Muslime, 31,4% SerbInnen, sowie 17,3% KroatInnen, die meisten Menschen hatten eine jugoslawische Identität, Umfragen unter der Bevölkerung Bosniens ergaben noch 1990, dass nationale Staatlichkeiten und damit ein Zerfall Jugoslawiens unerwünscht wären, in Bosnien ist die ethnische Durchmischung um ein Mehrfaches komplizierter als etwa in Kroatien, dennoch hatte die internationale Außenpolitik auf Sezession gesetzt. Die bosnische Regierung wollte Belgrad nicht provozieren, das Drängen von Deutschland, EG und USA in eine rasche Unabhängigkeit wurde zunächst verworfen, bis Izetbegovic im Herbst 1991 mit dem deutschen Außenminister Hans-Dietrich Genscher die bosnisch-herzegowinische Sezession beschlossen hatte, die EG verlangte daraufhin ein Referendum über die Unabhängigkeit, dies im Bewusstsein, dass ein Drittel der Bevölkerung diese Alternative für unannehmbar hielt, mit 29.2./1.3.1992 stimmte dann 62% der bosnischen Bevölkerung für die Unabhängigkeit, die serbische Bevölkerung boykottierte die Wahl, am 6.4.1992 wurde der Staat von Brüssel dennoch anerkannt, einen Tag später folgte die Anerkennung durch die USA. Die bosnischen SerbInnen verließen die bis dahin gemeinsame Regierung in Sarajevo, damit war der Kriegsbeginn gesetzt. (vgl. ebenda: 85ff) „Dreieinhalb Jahre lang dauerte der südslawische Bürgerkrieg in Bosnien-Herzegowina. Die bosnischen Muslime und Kroaten – und mit ihnen Westeuropa nahmen diesen Krieg ausschließlich als serbische Aggression wahr; gleichzeitig jedoch fielen herzegowinische Muslime auch kroatischen Bomben zum Opfer, Muslime aus Bihac wurden von den Glaubensbrüdern der Izetbegovic-Armee bekämpft und vertrieben; mit bosnischen

Serben bevölkerte Dörfer sahen den Aggressor in den ‚Grünen Baretten' der Moslemarmee, Serben aus der bosnischen Krajina fürchteten die Attacken der Kroaten ... Es war ein ethnisch geführter Krieg, ein Religionskrieg, ein Krieg des Landes gegen die Städte ... letztlich ein Krieg um die besten ökonomischen Startchancen bei der bevorstehenden geopolitischen Neuordnung des Balkans." (ebenda: 90) Die Vermittler im bosnischen Krieg waren Carrington, Vance, Owen, Stoltenberg und Holbrooke, während die Verhandlungsführung bis zum Sommer 1992 in deutschen Händen lag, rückten mittels den immer wichtiger werdenden US-Vermittler Cyrus Vance die USA ins Zentrum der Verhandlungsführung, mit dem Resultat, dass Bosnien heute unter Kontrolle von Weltbank, Internationalen Währungsfond, USA/Nato steht, mit zivilen Kontrollinstanzen der UNO und OSZE. (vgl. ebenda: 93f) Kriegsgreuel, Vertreibungen, Vergewaltigung, Vergeltung und Rache an der Zivilbevölkerung waren Bestandteil des Kriegsalltags gewesen. Auf serbischer Seite hatten gut ausgerüstete Truppen unter dem Befehl von Ratko Mladic, kontrolliert über den Präsidenten der im Jänner 1992 von den bosnischen SerbInnen ausgerufenen ‚Republika Srpska' Radovan Karadzic, sowie Seselj und Arkan mit ihren paramilitärischen Verbänden das Kampfgeschehen geprägt. Die schlechter ausgerüsteten muslimischen Milizen waren von zahlreichen Söldnern aus Afghanistan und dem Iran unterstützt worden. Am 30. Mai 1992 hatte der UNO-Sicherheitsrat Resolution 757 verhängt, sie beinhaltete harte Sanktionen gegen Belgrad und markierte den Beginn des internationale Embargos gegen das sog. Rest-Jugoslawien. Legitimiert wurde es durch das am 27. Mai 1992 in der Vase Miskina-Straße stattfindende ‚Brotschlangenmassaker', in einer um Brot anstehenden Schlage starben 16 Menschen, getötet durch angeblich serbische Granaten, allerdings wurden keine für Granatentreffer typischen Einschläge gefunden, insgesamt kann es sich ebenso um eine gezielte Provokation bosnischer Milizen gehandelt haben, eindeutig geklärt wurde das Massaker bis heute nicht, aber es bildete die Basis für die Sanktionen gegen Belgrad. Bis November 1996, ein Jahr nach dem Dayton-Abkommen, blieben die Sanktionen der UNO aufrecht, informell ging das Embargo auch danach weiter, die US-amerikanische Seite entwickelte dafür einen eigenen Begriff, den der ‚outerwall sanctions'. (vgl. ebenda: 94ff)

6.3.3. Rolle der Nato und USA

„Am 28. Februar 1994 griff die NATO erstmals direkt militärisch ins Kriegsgeschehen auf dem Balkan ein: Vier Cessna-Maschinen der bosnischen Serben wurden abgeschossen. Seit damals verfolgte der Westen eine Interventionspolitik der ‚Nadelstiche', immer wieder wurden serbische Stellungen oder Ortschaften von der Luft aus angegriffen." (Hofbauer, Hannes: 1999, 106f) Die Operation ‚Deliberate Force' brachte erstmals einen ‚Out of area'-Einsatz in der Geschichte der nordatlantischen Allianz. Am 30. August 1995 stiegen 60 Nato Kampfjets vom US-Flugzeugträger ‚Theodore Roosevelt' und vom italienischen Stützpunkt Aviano aus auf und bombardierten die bosnisch-serbischen Orte Pale, Lukavica, Cajnice, Sarbinje u.a., Bodentruppen der ‚Schnellen Eingreiftruppe' unterstützen den Kampf der Nato-Jets. Die treibende politische Kraft dafür waren die damalige UN-Botschafterin und spätere US-Außenministerin Madeleine Albright und der Bosnien-Sonderbeauftragte Richard Holbrooke, dieser hatte in seinem Buch ‚Meine Mission' später festgehalten, dass er es gewesen sei, der für einen schweren und nachhaltigen Luftkrieg eingetreten ist und Bosnien gleichsam der wichtigste Test für den amerikanischen Führungsanspruch in ganz Europa sei. Das Markale Massaker vom 28. August 1995 diente der Nato als Rechtfertigung für die Intervention, sechs Wochen nach den Luftanschlägen hat der UN-Untersuchungsbericht ergeben, dass die Mörsergranate, die 41 Menschen das Leben gekostet hatte, von bosnischen Regierungstruppen abgefeuert worden sein musste. Mit Billigung Clintons wurde Teheran zum Hauptwaffenlieferanten der bosnisch-muslimischen Armee, tausende Tonnen Kriegsmaterial kamen über den kroatischen Hafen Rijeka ins Land, die Hochrüstung trug entscheidend zum Sieg der kroatischen gegenüber der serbischen Seite in der Krajina bei, da etwa ein Drittel der geschmuggelten Waffen in Kroatien hängenblieb. (vgl. ebenda: 106ff) „Anfang September 1995 hatten die bosnischen Serben durch heftige Angriffe der NATO-Izetbegovic-Tudjman-Allianz schwere Verluste erlitten. Zentralbosnische Städte wurden von kroatisch-muslimischen Einheiten überrollt, zehntausende Serben ergriffen die Flucht in Richtung Banja Luka. Nun schien den USA der Zeitpunkt für einen Friedensschluß richtig. Banja Luka wollte man die Kroaten und Moslems nicht einnehmen lassen." (ebenda: 112) Zunächst wurde die UNO ausgeschaltet, die formal nach wie vor das Krisenmanagement leitete, der UN-Sonderbeauftragte für Jugoslawien, Yasushi Akashi wurde zu diesem Zeitpunkt von Kofi Annan abgelöst, die Bodentruppe der Nato, die IFOR: Implementation Force, die später in SFOR: Stabilization Force umbenannt wurde, wurde installiert. Im November 1995 kam mit den Präsidenten Tudjman, Izetbegovic und Milosevic der Dayton-Vertrag zustande, die bosnisch-serbische Seite blieb von den Verhandlungen ausgespart, ihre zivilen und militärischen Führer Karadzic und Mladic waren bereits vor dem Haager Tribunal angeklagt. Zu den Grundprinzipien der Verhandlungsmethode zählte, dass alle drei südslawischen Präsidenten alle Vollmachten haben mussten, spätere Ratifizierungsprozesse wurden nicht geduldet, sie mussten so lange in den USA bleiben, bis die Teilung Bosniens genehm war, niemand durfte mit der Außenwelt, insbesonders Medien Kontakt haben. (vgl. ebenda: 112f) Die kroatisch-muslimische Föderation erhielt 51% des Territoriums, die bosnischen Serben 49%. Neben den Grenzziehungen zwischen der kroatisch-muslimischen Föderation und der Republika Srpska schrieb Dayton einiges Grundsätzliche fest, Bosnien besteht aus zwei Einheiten: der muslimisch-kroatischen Föderation und der Serbischen Republik, für Währungsfragen, Außenpolitik, Kommunikation und Zoll wurde eine Zentralregierung geplant, nicht aber für Polizei und Armee, gemeinsame Staatsorgane sind drittelparitätisch zu bestellen, dem kriegsauslösenden Unabhängigkeitsreferendum von 1992 hätte der Daytoner Vertrag nicht entsprochen. Zur Überwachung des Vertrages waren die SFOR-Truppen vorgesehen, als zivile Kontrollinstanz fungiert der sogenannte Hohe Repräsentant, dessen Befugnisse bis zum Verbot politischer Parteien oder der Schließung von Zeitungen und Fernsehstationen reichen. (vgl. ebenda: 114) Federführend ist der Dayton-Vertrag unter Richard Holbrooke zustandegekommen, unter seiner expliziten Verachtung für Serbien. Offen rassistisch zeigten sich die SFOR-Truppen, besonders die österreichischen, die spezielle T-Shirts hergestellt hatten, mit dem Aufdruck: ‚IFOR – Ein jeder Tschusch schweigt still, wenn unser starker Arm es will', dazu ein hammerschwingender in seinen Gesichtszügen Jörg Haider unverkennbar ähnlich sehender Bodybuilder. (vgl. ebenda: 114f)

6.4. Krisenkommunikation zu den Bürgerkriegen im ehemaligen Jugoslawien

Die PR-Agentur Ruder Finn hatte Kroatien, Bosnien-Herzegowina und Kosov@ unter Vertrag, Zielsetzung war es u.a., eine starke Führungsrolle der USA in den Konflikten zu fördern. (vgl. Beham, Mira: 1996, 170)

6.4.1. Krisenkommunikation im Krieg um Kroatien

Die von der kroatischen Regierung in die Wege geleiteten PR-Aktivitäten wirkten nicht spannungsreduzierend. „In einem Konflikt, der maßgeblich auf einen Konsens angewiesen war, ging die kroatische PR-Maschinerie auf Polarisierungskurs. Vom 1. bis zum 23. Oktober 1991 verteilte Ruder Finn im amerikanischen Kongreß Informationsmaterial, das Kroatien als das Opfer einer großserbischen Aggressionspolitik auswies." (ebenda: 162) Die Kosten der kroatischen TV-Werbekampagnen in verschiedenen kanadischen und US-amerikanischen Fernsehanstalten übertrafen jene von Coca-Cola und Pepsi zusammengenommen. Kroatien wollte das Image eines jahrzehntelang vom serbischen Kommunismus unterdrückten Volkes aufbauen, es wurde ein Konflikt zwischen Nationalbolschewismus und Demokratie konstruiert. Kroatien hat in seiner Imagebildung auf die Zugehörigkeit der katholischen KroatInnen zur westlichen Zivilisation gebaut, was ebenso einem alten Stereotyp entspricht wie die serbische Seite in die Ecke der Barbarei zu drängen, als äußerst wirkungsvoll erwies sich die Etablierung des Hitlervergleichs. (vgl. ebenda: 162ff) Im Jänner und Februar 1992 organisierte Ruder Finn Reisen von Kongreßabgeordneten nach Kroatien und am 7. April 1992 wurde der unabhängige Staat Kroatien von den USA anerkannt. (vgl. ebenda: 164) „Der Erfolg kroatischer PR-Bemühungen in den USA läßt sich ... an der konsequenten Änderung der US-Politik im Balkankonflikt ablesen, die von amerikanischen Meinungsführern im wesentlichen unterstützt wurde." (ebenda: 166) Die im März 1994 in Washington unterzeichneten kroatisch-muslimischen Verträge legitimierten kroatische Ansprüche in Bosnien-Herzegowina. Als der Blitzkrieg in der Krajina Sympathien für die serbische Seite auslöste, veröffentlichte die US-Regierung die Bilder von Srebrenica, die geheimdienstlichen Luftaufnahmen von Massengräbern suggerierten viel schrecklichere Verbrechen der bosnischen serbischen Seite und relativierten die kroatischen Verbrechen. (vgl. ebenda: 167ff)

6.4.2. Krisenkommunikation im Krieg um Bosnien-Herzegowina

Zweieinhalb Monate nach Kriegsbeginn, am 23. Juni 1992 engagierte Bosnien-Herzegowina in dem Bestreben auf Unterstützung der internationalen Gemeinschaft, insbesonders der USA die PR-Agentur Ruder Finn, deren Aktivitäten weit gestreut waren, zum aufgebauten Kommunikationsnetz zählten auch humanitäre und wissenschaftliche Organisationen. Nach der Kroatien-Kampagne konnte Ruder Finn in der Bosnienkampagne auf bereits vorhandene Images aufbauen, speziell auf das geschaffene negative Image gegenüber Serbien. (vgl. Beham, Mira: 1996, 169ff) Den größten Erfolg sieht Ruder Finn in der Täuschung jüdischer Organisationen, die historische Vergangenheit Bosniens und Kroatiens ist auch von Antisemitismus geprägt. Nach einem Beitrag von ‚New York Newsweek' zu den Lagern hatte Ruder Finn namhaften jüdischen Organisationen vorgeschlagen eine Protestkundgebung vor dem Sitz der Vereinten Nationen zu organisieren, und somit die Solidarität jüdischer Organisationen mit der bosnisch-muslimischen Seite begründet. Die Vorwürfe von Völkermord und Konzentrationslager waren, zumal sie von jüdischen Organisationen mitgetragen wurden, kaum mehr zu entkräften. (vgl. ebenda: 174) Ruder Finn war es gelungen „ ... aus den gemeinsamen Opfern des Faschismus im Zweiten Weltkrieg und damit aus quasi natürlichen Verbündeten, nämlich den Juden und Serben ..." Gegenspieler zu machen. (ebenda: 175) US-Oberstleutnant John E. Sray, der 1994 sechs Monate lang als Chef des UNPROFOR-Nachrichtendienstes in Sarajewo gewesen ist, resümierte seine Erfahrungen im Bosnien-Konflikt. „Sein Fazit baut fast ausschließlich auf der eklatanten Diskrepanz zwischen dem Bild, das über diesen Krieg verkauft wird, und der Realität vor Ort auf." (ebenda: 177) In seiner detailreichen Analyse kam Sray zum Schluß, dass die Arbeit der PR-Agentur im Zusammenwirken mit wichtigen publizistischen MeinungsführerInnen und Mitgliedern des US State Departements ein Klima erzeugten, das rationale Auseinandersetzung verhinderte. Die ständigen Holocaust-Vergleiche wirkten, die einseitige Darstellung nur von serbischer Seite begangener Verbrechen korrumpierte die moralischen Urteile, leidende Serben in muslimischen Gefangenenlagern wurden als leidende Muslime in serbischen Lagern verkauft, Behauptungen über Massenvergewaltigungen wurden willkürlich produziert und medial verbreitet. (vgl. ebenda:178f) Das im Mai 1992 verhängte Embargo gegen Serbien schloss auch die internationalen politischen Institutionen mit ein, die Kommunikationsverbote des Auslands waren umfassend, die Londoner PR-Agentur Saatchi & Saatchi musste etwa ihre Zusage, die serbische Regierung unter Vertrag zu nehmen aufgrund der Embargobestimmungen zurückziehen. (vgl. ebenda: 192)

6.4.3. Rolle der westlichen Medien

„Als die lange schwelende politische Krise im ehemaligen Jugoslawien Mitte 1991 in einem offenen bewaffneten Konflikt eskalierte, waren die Medien und die westliche Öffentlichkeit auf die sich überschlagenden Ereignisse praktisch nicht vorbereitet. Hinzu kam eine massive Verwirrung hinsichtlich der komplizierten historischen, politischen und ethnischen Verhältnisse auf dem Balkan, kombiniert mit einer grundlegenden Unkenntnis der Krisenregion." (Beham, Mira: 1996, 156f) Das stark reduzierte Nationenbild lässt sich auf eine tiefliegende und weit zurückreichende Kulturgrenze zurückführen, auf die innereuropäische Grenze zwischen slawischen und nichtslawischen Völkern, zwischen Ost- und Westeuropa, Nationenbilder von Serbien, Kroatien, Slowenien, Makedonien, Bosnien und Montenegro standen nicht zur Verfügung, gleichzeitig war die Konfliktstruktur unklar. (vgl. ebenda: 157ff) Die westlichen Medien erwiesen sich als Brandstifter. Als fast zweieinhalb Jahre nach Kriegsbeginn die ‚Foreign Policy' ausgehend vom Wunsch der Redaktion die Rolle der Medien kritisch zu hinterfragen, einen Artikel des Journalisten Peter Brock unter dem Titel ‚Dateline Yugoslavia: The Partisan Press' veröffentlichte, brach in den USA ein Sturm der Entrüstung gegen den Autor aus. „Brocks These klang wie das mehrfache Echo vergangener Diskussionen über Kriegsberichterstattung: Im Balkankonflikt habe der westliche Journalismus versagt. Konkreter: Verdrehung von Tatsachen, mangelnde Sorgfalt und einseitige Kommentierung seien an der Tagesordnung, Fahrlässigkeit und Meutenjournalismus das besondere Kennzeichen der Balkan-Berichterstattung. Dabei verband sich, so Brock, in einem beispiellosen Ansturm der Bilder und Berichte moderne Medientechnik mit anwaltschaftlichem Journalismus. Die Medien seien zu einer Bewegung, zu Mitkriegführenden geworden." (ebenda: 207) Als die Züricher ‚Weltwoche' den Artikel im Oktober 1994 abdruckte reichten die Vorwürfe gegen den verantwortlichen Auslandsredakteur Hanspeter Born von Verharmlosung von Kriegsverbrechen bis zum Vorwurf, Born wäre ein einer rechten Publikation aufgesessener Reaktionär, vor dem Verlagsgebäude demonstrierten organisiert von der ‚Gemeinschaft für bedrohte Völker' BosnierInnen mit Transparenten wie ‚Wir sind keine Lüge'. (vgl. ebenda: 206ff) Dieser Mechanismus machte eine kritische öffentliche Debatte über die Rolle der Medien in den Bürgerkriegen des ehemaligen Jugoslawiens unmöglich. „Die öffentlichen Stellungsnahmen der Redakteure unterschieden sich erheblich von ihren privat geäußerten Meinungen. Einige von ihnen etwa hielten die Massenvergewaltigungen für eine große Propagandalüge, wovon sich in ihren Artikeln jedoch nie ein Wort finden ließ. Andere waren überzeugt davon, daß es unter den Serben viele Opfer gab, hielten es aber nicht für angebracht, darüber zu schreiben. Alle aber waren der Meinung, es existiere ein simples, schwarzweiß gemaltes Bild von Gut und Böse, das den wahren Gegebenheiten nicht entspräche, dabei offenkundig vergessend, daß sie oder ihre Medien es waren, die dieses Bild mitproduzierten – die einen mehr, die anderen weniger." (ebenda: 209) Die Selbstzensur war eine Konstante in der Berichterstattung, infolge der Diffamierungen und Vorwürfe überprüfte ‚Foreign Policy' Brocks Aussagen mit dem Resultat, dass alle Aussagen stimmten, nur ein Titelbild von ‚Times' hatte er mit ‚Newsweek' verwechselt, das dem falschen Magazin zugeschriebene Coverfoto zeigte ein sog. ‚Konzentrationslager' mit Stacheldraht und einem ausgemergelten Bosnier im Vordergrund, dieser war in Wirklichkeit ein Serbe. Zu Kriegsbeginn in Bosnien waren die Mechanismen der Selektion und Manipulationen bereits zum kommunikativen Standard geworden. Symbol des Krieges wurde etwa Srebrenica. Publik wurde, dass im Sommer 1995 mehrere 10 000 Muslime vertrieben wurden, verschwiegen wurde, dass im Herbst 1992 in Srebrenica und Bratunac zwischen 1200 und 1500 SerbInnen hingerichtet und 50 serbische Dörfer abgebrannt wurden. Das Gerücht, dass die bosnischen Serben bei der Eroberung der Schutzzone 6000 bis 8000 muslimische Männer exekutiert und in Massengräbern verscharrt hätten, wurde von der US-amerikanischen Regierung in Umlauf gebracht. (vgl. ebenda 210ff) „In den Monaten nach dem Fall von Srebrenica versuchten 24 internationale Journalisten ... anhand der bekannten US-Satellitenfotos und aller vorliegenden Informationen die Massengräber vor Ort ausfindig zu machen – vergeblich." (ebenda: 228) Die internationalen JournalistInnen berichteten über den bosnischen Krieg vorwiegend aus dem bosnisch-muslimischen Teil Sarajevos „ ... und ließen ihre Aufmerksamkeit auf das lenken, was die bosnische Regierung als berichtenswert deklarierte oder als Nachrichten anbot: seien es dramatische Appelle von Amateurfunkern, die sich später als Bluff erwiesen ... oder schrecklich zugerichtete Opfer im Kosevo-Hospital." (ebenda: 229) Den drei durch Bomben und Granaten verursachten Massakern, die unmittelbare politische Folgen hatten, waren die JournalistInnen nicht nachgegangen. Die Schuld an den Blutbädern wurde einmütig der bosnisch-serbischen Seite angelastet, die UN-Berichte hingegen enthielten widersprüchliche Informationen. Lord Owen, während seiner diplomatischen Tätigkeit zum Schweigen verpflichtet, gab später zu, „ ... gewußt zu haben, dass das Massaker vom 4. Februar 1994, das den Auftakt zum Krieg der Nato gegen die bosnischen Serben bildete, nach allen Erkenntnissen nicht von serbischer Seite verursacht worden sein kann. Unter den Journalisten fand sich nur einer, der zu demselben Ergebnis kam, ohne ‚interne' Informationen gehabt zu haben: David Binder von der ‚New York Times'. Seine umfangreichen Recherchen konnte er allerdings nicht in der eigenen Zeitung veröffentlichen, sondern in weniger auflagenstarken und nicht so einflußreichen Publikationen. Hier schließt sich der Kreislauf von Medien, Krieg und Politik auf eindrucksvolle Weise." (ebenda: 230)

7. Krieg in Südosteuropa 1999

Der Nato-Angriffskrieg gegen Serbien wurde geprägt von Bildern der ‚Massenflucht', lange Trecks von sich auf der Flucht befindenden Menschen standen im Vordergrund der Berichterstattung, wenn es um den Legitimationszusammenhang und die Darstellung des Kriegselends ging. Paul Virilio hat in einem im Format vom 10.5.99 veröffentlichten Artikel zum Luftkrieg der Nato formuliert: „Amerika tut so, als ob die Welt nur ein Wargame wäre, ein gigantisches Spielzeug, und Bill Gates sein Prophet." (Format, Nr. 19, 10.5.99, 154) Virilio analysierte, dass der sogenannte ‚humanitäre Krieg' um Kosov@ zur Beunruhigung jener militärisch unterlegenen Länder führen dürfte, die sich von der Strategie des Interventionismus bedroht fühlen. „Die kontraproduktive Wirkung der Luftschläge, die ja die humanitäre Katastrophe der Kosovoflüchtlinge nicht verhindert, sondern auf spektakuläre Weise beschleunigt haben, würde in diesem Fall auch einen langfristigen Negativeffekt nach sich ziehen: die wieder wachsende Gefahr der Verbreitung nuklearer, chemischer und bakteriologischer Waffen in jenen Ländern, die sich dauerhaft gegen die Bedrohung durch schwere Zerstörungswaffen wappnen wollen." (ebenda: 154) In der Geschichte der Nationen hat jede Waffengattung, Bodentruppen, Marine, Luftstreitkräfte, Weltraumtechnologie zu einem militärtechnologischen und in Folge politischen Paradigmenwechsel geführt, die Theorie, einen Krieg aus der Luft zu beenden, zeigte ihre Verwirklichung in Hiroshima. (vgl. ebenda: 155) „Nicht um Ethik geht es hier, sondern um Militärstrategie – wie vor vierzig Jahren, als die atomare Abschreckung ein Gleichgewicht des Schreckens zwischen Ost und West erzwang, freilich um den Preis einer Drohung mit der Vernichtung allen Lebens auf dem Planeten. Angesichts der Schwierigkeiten der Politik, die ‚Neue Weltordnung' wirksam zu verwalten, wird das Militär sich nicht länger darauf beschränken, mit den mörderischen Bösewichten der Staatengemeinschaft ‚Räuber und Gendarm' zu spielen, sondern eine aktivere Rolle übernehmen wollen." (ebenda: 155) Zur Gewaltspirale stellte Paul Virilio fest: „Wenn man vorgibt, einen Krieg im Namen der ‚Menschenrechte' zu führen, dann beraubt man sich der Möglichkeit, mit dem Gegner die Einstellung der Feindseligkeiten auszuhandeln. Denn wenn dieser ein Folterknecht, ein Feind des Menschengeschlechts ist, dann gibt es nur noch den Weg einen totalen Krieges bis zur bedingungslosen Kapitulation. Diese neue Kriegslogik führt also ... zu jener Eskalation ‚bis zum Äußersten', die von den Denkern der klassischen ‚nationalstaatlichen' Geopolitik bewußt abgelehnt wurde." (ebenda: 155) Dieser Krieg ist Ausdruck von Naturverachtung und Ausdruck von Infantilisierung, wenn etwa Bill Gates um sein Computerprogramm ‚Falcon View' zu präsentieren argumentiert, damit ließen sich jugoslawische Brücken zerstören. „Die Supermacht USA muß einerseits auf dem Register des humanitären Mitleids spielen, andererseits ihrer globalen Vorherrschaft Geltung verschaffen ... also präsentieren die USA ihr martialisches Arsenal, darunter den B-2-Bomber, dessen Preis etwa dem Bruttosozialprodukt von Albanien entspricht." (ebenda: 154f) Umberto Eco hat darauf verwiesen, dass die Nachkriegszeiten immer die Fortsetzung der vom Krieg gesetzten Prämissen sein werden. „Wie immer der Krieg auch ausgehen mag, er wird, nachdem er eine allgemeine Neuordnung der Gewichte herbeigeführt hat, die dem Willen der Kontrahenten nicht völlig entsprechen kann, sich für die kommenden Jahrzehnte in einer politisch, ökonomisch und psychologisch dramatischen Instabilität fortsetzen, die nichts anderes hervorbringen kann als eine ‚kriegsgesteuerte Politik'." (Eco, Umberto: 1999, 32) Die bis heute andauernde militärische Präsenz und die aktuell wieder ausbrechenden massiven Gewalttätigkeiten in den Konfliktregionen Südeuropas sind dafür beredtes Beispiel.

7.1. Daten zu Kosov@

„Das überwiegend von Albanerinnen und Albanern bewohnte Gebiet umfaßt neben Albanien Teile Ostmontenegros (nordwestlich von Albanien) Kosovas (nördlich), Westmazedoniens (östlich) und Nordwestgriechenlands (südöstlich von Albanien) ... Der Großteil der außerhalb des Staatsgebietes Albaniens lebenden AlbanerInnen lebt in Kosova (zur ‚Bundesrepublik Jugoslawien' gehörend, die aus Serbien und Montenegro besteht) und in Westmazedonien." (Stenger, Michael: 1997, 4) Mitte der 90iger Jahre schätzte man den albanischen Bevölkerungsanteil in Kosov@ auf 90%, Kosova ist die albanische Bezeichnung, Kosovo die serbokroatische Bezeichnung des Gebietes. (vgl. ebenda: 7) Für die neutrale Schreibweise hat sich Kosov@ eingebürgert, die das Ablehnen von Parteilichkeit sowohl dem albanischen als auch serbischen Nationalismus gegenüber ausdrückt.

7.2. Historische Grundlegung

7.2.1. Herkunft und Sprache der Albanerinnen und Albaner

AlbanerInnen siedeln als Nachfahren des antiken illyrischen Volkes von alters her in etwa in den heutigen Lebensräumen, die Sprache gehört der indoeuropäischen Sprachfamilie an. Im 5. und 6. Jahrhundert drangen zur Zeit der Völkerwanderungen slawische Stämme in das Balkangebiet vor und behaupteten sich sehr schnell. Viele sind assimiliert worden, nicht assimilierte Stämme hielten sich vorwiegend in den unzugänglichen Bergregionen, wozu der albanische Volksstamm gehörte, etwa 70% der albanischen Bevölkerung ist moslemischen Glaubens, etwa 15% gehören dem römisch-katholischen und ca. 10% dem albanisch-orthodoxen Glauben an. (vgl. Stenger, Michael: 1997, 16) Von ihrer sozialen und kulturellen Lebensform her leben die Menschen im Kosov@ historisch gewachsen bis heute in großfamiliären Verbänden. Die Bevölkerungsgruppen im Gebirge lebten von der Subsistenzwirtschaft, primär von Schaf- und Ziegenhaltung. Grundlage der gesellschaftlichen Struktur sind patrilineare Abstammungsgruppe und umfangreicher Familienverband, überlagert von einer streng patriarchalen Struktur, mit ausschließlich männlichen Entscheidungsstrukturen. Die Frau erfährt erst mit der Geburt eines Sohnes eine gewisse Anerkennung. Der Männlichkeitskult war und ist durch die Waffe unterstrichen, die Kampf, Schutz und die Ehre eines Mannes symbolisiert. (vgl. Kaser, Karl: 1999, 22)

7.2.2. Historische Grundlagen des serbischen Anspruchs auf Kosov@

„Der Anspruch, Kosova als ‚Wiege des serbischen Staates' zu betrachten, geht auf das Mittelalter zurück, genauer gesagt auf die Zeit von 1331 bis 1355. Nach der Befreiung von der jahrhundertelangen Fremdherrschaft Roms und später ‚Byzanz' (bzw. ‚Ostroms') strengte man sich nun an, ein Großreich aufzubauen. ... Dieser Zeit wurde stets eine gewichtige Rolle beigemessen, die Kosova aus serbischer Sicht zu ‚Alt-Serbien' werden ließ. Höhepunkt dieser Anstrengungen war die Zeit des Stefan Dusan, unter dem außer dem heutigen Serbien auch Montenegro, Mazedonien (in seiner geographischen Gesamtheit), das Gebiet des heutigen Albaniens sowie Teile Nord- und Mittelgriechenlands dem serbischen Reich einverleibt waren. Stefan Dusan (er nannte sich ‚Zar der Serben und Griechen' und ließ sich 1345 in Skopje zum Kaiser krönen) legte seinen Herrschersitz in die Reichsmitte nach Prizren (in Kosova). Mit seinem Tod 1355 zerfiel das neue Großreich sehr schnell." (Stenger, Michael: 1997, 17) Den zweiten markante Geschichtsbezug stellt die berüchtigte Schlacht auf dem Amselfeld bzw. auf serbokroatisch ‚kosovo polje' dar, „ ... als das türkische Heer in der Ebene vor Prishtina das multiethnische balkanische Heer unter serbischer Führung (Fürst Lazar) vernichtend schlug und fünf Jahrhunderte osmanisches Joch besiegelte. Bei dieser Schlacht nahmen wie gesagt Soldaten aus dem gesamten Balkan teil, dennoch gilt dieses (traumatische) Ereignis als heiliges Datum serbischer Geschichte und das gesamte Gebiet, nicht nur das besagte Schlachtfeld, als ‚heiliger serbischer Boden'." (ebenda: 17)

7.2.3. Kirchliche Einflußsphären

Die Anteile religiöser, konfessioneller, kirchlicher Aspekte in den Konfliktkonstellationen Südosteuropas waren zwischen dem 9. und 16. Jahrhundert erheblich, seit dem 17./18. Jahrhundert nur noch begleitend, sie erschienen in politischen Konfliktlagen und werden dazu benutzt, kriegerische Handlungen religiös zu rechtfertigen. (vgl. Geier, Wolfgang: 1999, 205) Die als Vormauer der Christenheit definierte Grenze um die religiös geprägten Imperien Christentum und Islam bezeichneten eine Kulturlandschaft besonderer Art und Bedeutung, die Abwehr des zweiten osmanischen Angriffs auf Wien 1689 hatte noch stark religiösen Charakter, sie symbolisierte den Sieg des christlichen Abendlandes. (vgl. ebenda: 210ff) „Die folgenden österreichischen und russischen Türkenkriege hatten einen anderen Charakter. Es waren Kriege um die Vorherrschaft in Südosteuropa und damit in bestimmter Hinsicht um die Stellung in Europa ... Im Kampf um die Hegemonie auf dem Balkan standen die christlichen Mächte Österreich und Rußland der muslimischen Großmacht sowie einander als politisch-staatliche Verkörperung des Katholizismus auf der einen und der Orthodoxie auf der anderen Seite gegenüber." (ebenda: 213) Seit Beginn des 20. Jahrhunderts erscheint die Symbolisierung der Vormauer der Christenheit in Form von weltanschaulichen Instrumentalisierungen. Nach Titos Tod erschienen Veröffentlichungen, in denen die politisch-staatliche Sicherung Großserbiens wieder u.a. religiös-konfessionell begründet wurde. An der 600-Jahr Feier zum Gedenken an die Ereignisse des Amselfeldes nahmen hohe Hierarchien und der Patriarch der Serbischen Orthodoxen Kirche teil, dieser nahm Bezug auf die Märtyrerrolle, die Bedeutung der heiligen Stätten auf dem Kosovo polje und verwies auf die Bedeutung des sog. Altserbiens für die serbische christlich-orthodoxe Identität. In bezug auf islamische religiöse Wertesysteme ist zu berücksichtigen, dass die religiösen Bindungen etwa der albanischen, makedonischen, bulgarischen, bosnischen und anderer muslimischer Bevölkerungen weder homogen noch identisch sind, sondern von unterschiedlichsten regionalen Einflüssen und insgesamt vom europäischen Islam geprägt sind. (vgl. ebenda: 214ff)

7.2.4. Entstehung des Nationalstaates Albanien

Die Entstehung des Nationalstaates Albanien geht auf das Ergebnis des Interessenausgleichs zwischen Rußland und Österreich-Ungarn zurück, Rußland favorisierte ein Großserbien bis zur Adria, Österreich-Ungarn insistierte auf einer Pufferzone für die Albanien vorgesehen wurde, so wurden die Staatsgrenzen Albaniens aus dem Kompromiss zwischen dieser dualen Interessenslage heraus gesetzt, die am 28.11.1912 in Albanien mit fast genau den heutigen Gebietsgrenzen ausgerufene Unabhängigkeit wurde 1913 anerkannt und der territoriale Bestand um den Preis der Teilung des überwiegend albanischen Siedlungsraumes garantiert, die andere Hälfte wurde Serbien, Montenegro und Griechenland zugeschlagen. (vgl. Stenger, Michael: 1997, 18) Symbol für den albanischen Nationalismus ist die Rebellion der AlbanerInnen 1912 gegen die türkische Herrschaft, welche der serbischen, montenegrinischen, bulgarischen und griechischen Seite den Anlass gab, der türkischen Herrschaft in Südosteuropa ein Ende zu bereiten. Während so ein Nationalstaat Albanien entstand, wurde Kosov@ Serbien zugesprochen, das erst unter Tito eine echte Autonomie verwirklichen konnte. (vgl. Mader, Gerald: 1999, 4) Nach 1913 setzte von serbischer und mazedonischer Seite eine systematische Unterdrückungs- und Vertreibungspolitik ein, als 1918 das ‚Königreich der Serben, Kroaten und Slowenen' begründet wurde, wurde die albanische Bevölkerung aus den in den Friedensverträgen nach dem Ersten Weltkrieg verbrieften Schutzbestimmungen für die nationalen Minderheiten ausgeklammert. Mit der Besetzung durch Mussolinis Truppen am 7. April 1939 wurde Albanien italienisches Protektorat. Am 6. April 1941 griffen deutsche Truppen Jugoslawien und Griechenland an, mit der Kapitulation Jugoslawiens und Griechenlands im April 1941 setzte unter Hitlers Ägide eine Neuaufteilung ein. Nationalistische Kräfte beziehen sich bis heute auf das nach Mussolinis Sturz 1943 unter Kontrolle der deutschen Wehrmacht stehende Großalbanien, nach dem Zweiten Weltkrieg wurde Kosov@ wieder Teil Serbiens. (vgl. Stenger, Michael: 1997, 19f)

7.3. Konfliktentwicklung um die serbische Provinz Kosov@

Die Verfassung von 1974 ergab die Festigung des jeweiligen Republikstatus sowie die Errichtung der autonomen Provinzen Kosov@ und Vojvodina, die Schaffung und Stärkung der Autonomierechte brachte eine deutliche Verbesserung, durch die Umwandlung Jugoslawiens in eine Konföderation wurde ein verbessertes Gleichgewicht zwischen den Republiken und Provinzen erreicht, beide Provinzen gehörten zur Republik Serbien und wurden mit Vetorecht und gleichrangigen Vertretungen im Bundesparlament ausgestattet. (vgl. Stenger, Michael: 1997, 23f) Die Unruhen in Kosov@ 1981 hatten sozio-ökonomische und politische Hintergründe, unter dem Druck des Internationalen Währungsfonds wurden Sparmaßnahmen gesetzt, die zu einer enormen Zunahme von Inflation und Arbeitslosigkeit führten, dies machte sich in der am meisten und systematisch vernachlässigten Provinz Kosov@ am drastischsten bemerkbar. (vgl. ebenda: 24) „Die albanische Fahne mit ihrem schwarzen Doppeladler auf rotem Grund begleitete jedes lokale Aufbegehren. Dazu kam immer häufiger die Forderung nach einer ‚Republik Kosovo'." (Hofbauer, Hannes: 1999, 129) 1988/89 gelangte Slobodan Milosevic, sich die Forderungen der ultranationalistischen Kräfte zu eigen machend, an die Macht, die SerbInnen seien Opfer des titoistischen Regimes gewesen, die Verfassung von 1974 verantwortlich für den Verlust serbischer Souveränität zugunsten der Provinzen Vojvodina und Kosov@, es gab dazu eine lückenlose Pressekampagne und Massendemonstrationen in Kosov@, der Vojvodina und Montenegro. Nach dem Aufstieg Milosevics, insbesonders durch seine nationalistisch-demagogische Rede aus Anlaß der ‚600-Jahr-Feier der Schlacht auf dem Amselfeld' entlud sich 1989 eine neue Phase des Widerstands und dessen Unterdrückung, es kam zu den Bergarbeiterstreiks von Trepca, gewaltsam beendeten Unruhen und umfassenden Entlassungen. 1990 begann die serbische Regierung die Umsetzung der zuvor proklamierten Wiedervereinigung Serbiens, die Autonomie Kosov@s und der Vojvodina wurde annulliert, Hintergrund ist nicht allein nationalistische Politik, 1990 zeichnete sich ein möglichesAuseinanderfallen des jugoslawischen Staates bereits ab, mit ihrem Autonomiestatus hätten die Provinzen beim Zerfall des Bundesstaates die gleichen Rechte in Anspruch genommen wie die Teilrepubliken, dies hatte die politische Führung Serbiens erfolgreich verhindert, denn Kosov@ und die Vojvodina wurden beim Zerfall Jugoslawiens keine eigenständigen Akteure. Während die ehemaligen Teilrepubliken anerkannt wurden, wurden die Provinzen als innerserbische Angelegenheit behandelt. (vgl. Stenger, Michael: 1997, 25f) „Die Eskalation der Ereignisse, die zur Auflösung Jugoslawiens und aus der Krise in den Krieg führte, begann in Kosova ... Die Weltöffentlichkeit widmete den Ereignissen in Kosova und ihren (dortigen) Folgen kaum Aufmerksamkeit. Während die Anerkennungen Sloweniens, Kroatiens und Bosnien-Herzegowinas nicht nur im zeitlichen Kontext zum Kriegsausbruch standen, blieb Kosova, das der letzten Autonomierechte enthoben wurde, weit ab vom internationalen Interesse." (ebenda: 26) Nach der Aufhebung der Autonomie am 28. März 1989 wurden die Massenproteste der Kosov@-AlbanerInnen von den Sicherheitskräften blutig niedergeschlagen, am 1. März 1990 war über die Provinz Kosov@ der Ausnahmezustand verhängt worden, die kosov@-albanischen Abgeordneten proklamierten am 2. Juli 1990 vor dem verriegelten Parlamentsgebäude in Prishtina die Unabhängigkeit Kosov@s, am 7. September 1990 wurde die ‚Republik Kosova' ausgerufen und eine neue Verfassung verabschiedet. 1992 gründete die kosov@-albanische Exilregierung den ‚Koordinationsrat der albanischen Parteien im ehemaligen Jugoslawien', dieser organisierte Wahlen, aus der trotz massiver polizeilicher Behinderung 90% der Wahlberechtigten und acht Gruppen internationaler Beobachter teilnahmen, aus denen der Schriftsteller Dr. Ibrahim Rugova, der mit seiner Partei LDK, dem ‚Demokratischen Bund Kosovas' 96 der 143 Parlamentssitze errang, als ‚Präsident' hervorging, bei dem am 3. Juli 1992 in Kosov@ durchgeführten geheimen Referendum über die Unabhängigkeit Kosov@s hatten sich 97% der Abstimmenden für die Unabhängigkeit ausgesprochen. (vgl. ebenda: 27ff)

7.3.1. Gesellschaftspolitische Struktur

Die politischen Führer in Kosov@ Rugova und Bukoshi haben über Jahre hinweg versucht, internationalen GesprächspartnerInnen die dringliche Notwendigkeit einer politischen Lösung zu verdeutlichen. „Aufmerksamkeit und Besorgnis weckten die Bemühungen weltweit. Höchste Anerkennung ernteten sie vor allem auch für den gewaltfreien Widerstand gegen die serbische Unterdrückungspolitik, der die Grundvoraussetzungen für das Funktionieren der parallelstaatlichen Institutionen verschiedener gesellschaftlicher Bereiche schuf. Über das sonntägliche Lob hinaus regte sich jedoch so gut wie gar nichts." (Stenger, Michael: 1997, 31) Nach Aufhebung der Autonomie ist das politische Repressionsprogramm intensiviert worden, wesentlicher Bestandteil dessen war das Programm der wirtschaftlichen Unterentwicklung, der eigentliche Reichtum an Rohstoffen steht in krassem Gegensatz zum Zustand der Verarmung und gesamtwirtschaftlichen Auszehrung, die Gold- und Silberminen Kosov@s hatten international als Kreditgarantien für Jugoslawien gegolten. Mit der Entfernung Rankovics 1966 aus der Belgrader Machtzentrale hatte die staatlich gelenkte Repression in Kosov@ erheblich an Intensität verloren, mit der Machtübernahme Milosevics wurde sie wieder verschärft, davon war auch die serbische Bevölkerung in Kosov@ betroffen. Zahlreiche Betriebe wurden geschlossen, mehrheitlich albanische Belegschaften gekündigt, ArbeitnehmerInnen wurden durch serbische Arbeitskräfte ersetzt, wobei zahlreiche Familien dadurch auch ihren Wohnraum verloren haben, da dieser mit dem Arbeitsplatz gekoppelt war, Kleingewerbetreibenden und Familienbetrieben wurden monatelang die Lizenzen entzogen, hohe Geldstrafen wurden verhängt, Geschäfte geschlossen, wenn die InhaberInnen an Demonstrationen oder Streiks teilgenommen hatten. (vgl. ebenda: 1997, 34f)

7.3.2. Gewaltfreier Widerstand im Kosov@

Mit dem Verlust der Autonomie 1989 wurde eine parallele Gesellschaftsstruktur aufgebaut, eine eigene alternative Wirtschaftsstruktur im Bereich Kleinhandel, Versorgung mit Lebensmittel und Konsumgütern, Restaurants usw., die Kosov@-AlbanerInnen zahlten Steuern an die serbischen Behörden und lieferten zusätzlich drei Prozent ihres Einkommens an den Parallelstaat ab. (vgl. Stenger, Michael: 1997, 36f) Es wurde ein paralleles Gesundheitswesen installiert, das Bildungswesen wurde von der Grundschule bis zur Universität organisiert. 1996 kam es zu einem Schulabkommen zwischen Rugova und Milosevic, das die Wiedereröffnung der Schulen und den unbehinderten Unterricht ermöglichen sollte, dieses wurde nie umgesetzt und führte zum offenen albanischen politischen Richtungsstreit, die Forderungen militanter Kräfte erhielten mehr Gewicht, die Nichtumsetzung des Abkommens führte zu einer Protestdeklaration der albanischen Studierenden und SchülerInnen, Rugova wurde mit einem umfassenden Forderungskatalog konfrontiert. Mit der Menschenrechtslage in Kosov@ befaßten sich zahlreiche Menschenrechtsorganisationen, die in ihrer Einschätzung vom Tenor getragen waren, die Stimmung in Kosov@ spitze sich immer mehr zu, der internationale Hilferuf der politischen Führung war berechtigt, es gibt für die Zeitspanne von 1996 bis 1997 detaillierte Wochen- und Monatsberichte des Menschenrechtsrates in Prishtina, Berichte und Stellungnahmen von ai, der UNO-Menschenrechtskommission, der International Helsinki Federation for Human Rights, der Olof-Palme-Delegation und dem UNHCR, die ein Gesamtbild institutioneller Gewalt und Verfolgung der albanischen Bevölkerung durch die jugoslawischen Behörden ergaben und dringend Handlungsbedarf anmeldeten. (vgl. ebenda: 32ff) Der gewaltfreie Widerstand der Kosov@-AlbanerInnen fand im Westen kaum Unterstützung. „Zwischen der Bewegung des zivilen Widerstands und dem Beginn des offenen militärischen Widerstandes durch die UCK lag eine Vorwarnzeit von acht Jahren ... Zu diesem Zeitpunkt wäre der gewalttätige Konflikt bei einem echten Engagement des Westens mit geringen Mitteln vermeidbar gewesen. ... Den politischen Hintergrund für diese Versäumnisse bildet die Politik der USA, da Milosevic zu diesem Zeitpunkt die volle Unterstützung der USA genoß, weshalb das Kosovo-Problem beim Dayton-Vertrag ausgeklammert wurde." (Mader, Gerald: 1999, 4)

7.3.3. Der kosov@-albanische Befreiungskampf

Einiges deutet darauf hin, dass die UCK seit ihren Vormärschen im November/ Dezember 1998 die eigene Bevölkerung bewusst als Geisel genommen hat, Zwangsrekrutierungen, Festhalten der Zivilbevölkerung und Vergeltungsschläge gegen angebliche oder tatsächliche sog. Verräter haben auch unter den AlbanerInnen ein Klima der Angst und Ergebenheit geschaffen. Das Entstehungsdatum der UCK wird mit 1993 festgelegt, damals wurden die ersten serbischen Polizeistationen überfallen. (vgl. Hofbauer, Hannes: 1999, 142) „Kriegersinn, männlicher Stolz, Fanatismus .. das sind die Eigenschaften, die ein guter UCK-Kämpfer braucht. Politik und Ideologie überließ man lange Zeit den zivilen Organisationen, bis sich die NATO ihrer annahm." (ebenda: 142) Die Geschichte des kosov@-albanischen Befreiungskampfes reicht weit in die Geschichte zurück, großalbanische Visionen kamen etwa 1878 in der ‚Liga von Prizren' oder 1900 in der ‚Liga von Pec' zur Sprache, während des Zweiten Weltkrieges schlossen sich nicht wenige Kosov@-Albaner den Wehrmacht-Truppen an. (vgl. ebenda: 142) „In der Schutzstaffel Skanderbeg, die noch im Oktober 1944 den Rückzug der Heeresgruppe E der deutschen Wehrmacht aus Nordgriechenland deckte, wurden die radikalsten von ihnen gegen die Serben eingesetzt. ... Schwarzbehemdet, mit der Faust an der Stirn grüßend, so sieht man noch heute manche Nachahmer der verherrlichten ‚Skanderbeg SS' in den Reihen der UCK." (ebenda: 142f) Nach Ende des Zweiten Weltkrieges setzte sich der Widerstand gegen Belgrad fort, Jugoslawien reagierte abwechselnd mit Verhaftungswellen oder repressiver Toleranz, bis nach Titos Tod die Forderung nach einer eigenen Republik Kosov@ entstand, die UCK und Rugovas LDK hatten die meisten Traditionslinien aufgenommen. (vgl. ebenda: 143)

7.4. Nato-Angriffskrieg gegen Jugoslawien

Die ÖMZ benannte als die drei Akteure der Kämpfe um Kosov@ die UCK, die serbische/jugoslawische Armee und die Nato, wobei die UCK die Zusammenarbeit mit der Nato offen anstrebte und sich als Alternative zu Nato-Bodentruppen anbot, offiziell agierte die Nato abgekoppelt von der UCK. (vgl. ÖMZ: 1999, 474ff) „In der Realität ergab sich die Zusammenarbeit zwischen NATO und UCK zwangsläufig ..." (ebenda: 477) Ab 24. März 1999 bombardierte die Nato Jugoslawien 78 Tage lang, bis über 30.000 Soldaten aus halb Europa und ganz Nordamerika in Kosov@ einmarschierten.

(vgl. Hofbauer, Hannes: 1999, 7) „Nach fast zehn Jahren Sezessionskriegen und Unabhängigkeitskämpfen stellte der NATO-Bombenkrieg den – vorläufig – letzten Akt der Osterweiterung westlicher Institutionen dar. NATO und Europäische Union sind die hauptsächlichen militärischen und politischen Träger dieses Vormarsches." (ebenda: 7)

7.4.1. Vorgeschichte des Nato-Luftkrieges

Mit dem Dayton-Abkommen wurde Milosevic von den USA und der Internationalen Gemeinschaft noch als Garant für Stabilität präsentiert. In Dayton war die ungeklärte Frage um die Provinz Kosov@ bewusst ausgeklammert worden. (vgl. Frank, Andre Gunder: 1999, 254) Durch die Kriege in Kroatien und Bosnien suchten hunderttausende vertriebene SerbInnen in Serbien eine neue Existenz, Belgrad hatte insgesamt 700000 Kriegsflüchtlinge aus Bosnien und Kroatien aufgenommen und versuchte immer wieder Ansiedelungsprojekte in Kosov@. (vgl. Hofbauer, Hannes: 1999, 127ff) „Die Albanerorganisationen, allen voran Rugovas ‚Demokratische Liga' (LDK), die im Kosovo seit mehreren Jahren Parallelstrukturen im Verwaltungs- und Schulwesen aufgebaut hatten und nun über die UCK auch dabei waren, mittels Terrorakten ähnliche im Sicherheitsapparat zu errichten, bekämpften die serbischen Ansiedelungsprojekte ... Auf militärischer Ebene galten gewalttätige Anschläge der UCK nicht selten gerade jenen serbischen Flüchtlingen." (ebenda: 130) Die Krise eskalierte zum Krieg, wobei das Jahr 1997 den Konflikt endgültig militarisierte. Bis dahin waren einzelne Überfälle auf Polizeistationen oder Terrorakte gegen missliebige SerbInnen in Form von Einzelaktionen mit leichten Waffen durchgeführt worden. Der Zusammenbruch in Albanien infolge der Pyramidenspiele bot der UCK die Möglichkeit, sich mit schweren Waffen auszurüsten, ihre Charakterisierung als Befreiungsbewegung hatte sich im Westen erst Mitte 1998 durchgesetzt, zuvor galten ihre Aktivitäten als terroristisch. (vgl. ebenda: 131) Der Konflikt eskalierte weiter, die serbische Sonderpolizei begegnete den operierenden Gruppen der UCK mit der vollen Wucht des staatlichen Repressionsapparates, auslösend dafür war die Strategieänderung der UCK, die nun versuchte, kleine befreite Territorien zu schaffen, was der Politik des fortgesetzten Aufbaus einer zweiten Staatlichkeit entsprach, mit der besseren Bewaffnung griff die UCK nun auch die Lufthoheit in Kosov@ an, im März 1998 wurde die erste jugoslawische Maschine abgeschossen, beide Seiten gingen ohne Rücksicht auf zivile Opfer vor. In diesem Klima der Gewalt setzten die USA auf militärische Schlagkraft, der Nato-Rat drohte am 12. Oktober 1998 der Bundesrepublik Jugoslawien mit Luftschlägen, sollten Armee und Polizei ihre Kämpfe nicht einstellen, bekannt geworden als ‚activation order' fanden unter dieser Order die OSZE-Mission und das Rambouillet-Diktat statt, bis sie am 24. März 1999 in Krieg umgesetzt wurde. (vgl. Hofbauer, Hannes: 1999, 131f) Von den geplanten 2.200 OSZE-Beobachtern wurden lediglich 1.400 in Kosov@ stationiert, die USA, Deutschland, England und Frankreich verlegten insgesamt 400 Kampfflugzeuge nach Aviano und auf Flugzeugträger ins Mittelmeer, die Nato-Truppen wurden auf ihren Einsatz vorbereitet, es folgte die Stationierung einer ‚Schnellen Eingreiftruppe' in Makedonien. Unter den Augen der OSZE zogen sich die jugoslawische Armee und serbische Sonderpolizei innerhalb weniger Tage aus Kosov@ zurück, am 28. Oktober 1998 vermeldete Belgrad von UNO und OSZE bestätigt die Vertragserfüllung. Die albanische Seite war an keinerlei Vertrag gebunden, so besetzte die UCK sofort die von der jugoslawischen Armee geräumten Territorien. Es kam zu einer Vielzahl an Anschlägen gegen die serbische Zivilbevölkerung von Seiten der UCK, die zur führenden albanischen Kraft im Kosov@ aufstieg und in den von ihr kontrollierten Gebieten exekutive Gewalt aufbaute, sie hatte sich zur Befreiungsarmee entwickelt, die Sieg um Sieg verkündete. Die Zunahme der albanischen Übergriffe provozierte serbische Gegenschläge, am 21. Dezember 1998 marschierten Truppen der jugoslawischen Armee wieder in Kosov@ ein. (vgl. ebenda: 132f) „Die drei Monate seit der ‚activation order' hatte die NATO genützt, um in der Region aufzurüsten. Strategische Kriegsvorbereitungen wurden getroffen, die künftigen Aufmarschgebiete inspiziert. ... der Kongreß in Washington und der Bundestag in Bonn hatten die entsprechenden Beschlüsse für den Eventualfall gefällt." (ebenda: 135) Willy Wimmer, verteidigungspolitischer Sprecher der CDU/CSU-Fraktion im deutschen Bundestag und Mitarbeiter der OSZE kommentierte, dass ein Erfolg der OSZE-Mission vermutlich nicht gewünscht worden war, die OSZE-Beobacher hatten eindeutig erklärt, dass sich die jugoslawische Seite an die Oktober-Vereinbarungen gehalten hatte, die UCK hingegen systematisch provoziert hatte. „Die Weltöffentlichkeit konnte die Augen vor dieser Politik, die ohne die NATO nicht möglich gewesen wäre, verschließen. Im NATO-Hauptquartier wartete man nur noch auf einen Anlaßfall für militärisches Eingreifen." (ebenda: 135) Den Anlassfall bot das Massaker von Racak. Am 16. Jänner 1999 wurden 45 tote Zivilisten auf einen Feldrain von OSZE-Chefinspektor William Walker aufgefunden, die Bilder der Leichen gingen um die Welt. Welche Seite für die Morde verantwortlich ist und wie die Leichen dorthin gekommen sind, ist bis heute unklar. Jedenfalls handelte es sich höchstwahrscheinlich nicht um aus ihren Häusern gezerrte im Feldrain exekutierte DorfbewohnerInnen. Am Tag des Massakers traf Madeleine Albright mit ihrem engsten MitarbeiterInnenstab zusammen, bei dieser Sitzung erklärte die US-Außenministerin, dass die zwischen Milosevic und Holbrooke geschlossene Vereinbarung jeden Moment gebrochen werden könne, dies macht unabhängig davon, ob Racak eine Inszenierung war deutlich, wie sehr die US-Administration nur noch auf den Anlassfall für militärisches Eingreifen gewartet hatte. (vgl. ebenda: 135ff) Während die USA sofort mit den Bombardements beginnen wollte, setzte sich zunächst die deutsche Außenpolitik mit der Option einer Friedenskonferenz durch. Die Kosovo-Kontaktgruppe, bestehend aus US-amerikanischen, westeuropäischen und russischen Beamten bereitete die sog. Friedenskonferenz vor, realpolitisch waren die Verhältnisse viel komplizierter als bei Dayton, Sezession hätte bedeutet, dass die Vojvodina mit gleichem Recht staatliche Unabhängigkeit fordern könnte, territoriale Destabilisierung in den Nachbarländern Makedonien, Albanien, Rumänien, Griechenland und Bulgarien, in denen überall regional konzentriert Minderheiten leben. Dies bedenkend setzte die Kosovo-Kontaktgruppe auch nicht auf Sezession, ein alternatives Konzept fehlte allerdings. Ende Jänner 1999 legte die Kosovo-Kontaktgruppe einen Zehn-Punkte-Plan vor, am 6. Februar begann die Konferenz im Pariser Vorort Rambouillet, unter Federführung des Außenministers Großbritanniens Robin Cook, Frankreichs Außenministers Hubert Vedrine und der US-amerikanischen Außenministerin Madeleine Albright, aus Belgrad reiste eine dreizehnköpfige, auf albanischer Seite eine siebzehnköpfige Delegation an, in drei Gruppierungen geteilt: die Demokratische Liga mit Ibrahim Rugova und Bujar Bukoshi, die UCK mit Hashim Thaci und Jakub Krashiniqi und die Vereinigte Demokratische Bewegung mit Rexhep Qosja an der Spitze, nach zweieinhalb Wochen war die Konferenz gescheitert, wobei die UCK auf Rückendeckung der USA zählen konnte. Der von Christopher Hill für die USA, Wolfgang Petritsch für die EU und dem russischen Unterhändler Majorksi vorgelegte Zehn-Punkte Plan hatte die Schaffung einer weitgehenden politischen und kulturellen Autonomie vorgesehen, ohne der albanischen Seite vollständige exekutive Gewalt zuzubilligen, die Territorialität des Staates wäre nicht angetastet geworden, beiderseitiger Waffenstillstand und schrittweise Demobilisierung der UCK war geplant gewesen, wie in Bosnien bereits praktiziert war eine Art ‚Hoher Repräsentant' der Staatengemeinschaft vorgesehen, die Überwachung des Abkommens sollte von einer Kosovo-Implementation-Force durchgeführt werden, die albanische Delegation lehnte den Plan ab, für Serbien waren fremde Truppen im Land inakzeptabel, da die albanische Seite den Plan ablehnte, konnte kein militärischer Druck auf Belgrad ausgeübt werden. In Folge wurde in Washington die albanische Delegation verändert, Rugova als Gesamtleiter der Delegation demontiert, mit ihm die Demokratische Liga entmachtet und der in der Schweiz ausgebildete pragmatisch orientierte Thaci in den Vordergrund gerückt. Mit der umstrukturierten albanischen Delegation wurden die Verhandlungen am 15. März 1999 nach Paris verlegt, Verhandlungsort war ein Verwaltungsgebäude in der Avenue Kleber, Thaci unterschrieb den neuen Vertragsentwurf, der der serbischen Delegation erst unmittelbar vor Gesprächsbeginn überreicht worden war. Der militärische Teil war wesentlich verändert, von vollständiger Demilitarisierung der UCK war nicht mehr die Rede, hingegen sollten die jugoslawischen Sicherheitskräfte auch an den Grenzen auf eine symbolische Stärke reduziert werden, zudem sollte nach drei Jahren ein Referendum über die Unabhängigkeit Kosov@s stattfinden. (vgl. ebenda: 137ff) „Jeder objektiv eingestellte Beobachter hätte erkennen müssen, daß dieses Vertragswerk seinen Namen nicht verdiente. Neben einem internationalen Verwalter, 28.000 NATO-Soldaten, einer Anerkennung der UCK als Defacto-Polizeibehörde und einer in drei Jahren absehbaren Sezession des Kosovo waren im militärischen Teil des Papiers Paragraphen versteckt, die ganz Serbien und Montenegro zu einem Aufmarschgebiet für die NATO gemacht hätten." (ebenda: 141) Nach Artikel 8 hätte sich das Nato-Personal innerhalb ganz Jugoslawiens einschließlich Luftraum und Territorialgewässer ungehindert und frei bewegen können müssen. (vgl. ebenda: 141) „Was immer man von dem von Thaci und Rugova unterzeichneten Papier halten mag – ein Vertrag ist es nicht. Denn ein solcher bedürfte ... mindestens zweier Partner. Avenue Kleber war ein Diktat." (ebenda: 141) Die serbische und albanische Delegation hatten nicht ein einziges Mal miteinander gesprochen.

7.4.2. Kriegsverlauf

Die Bomben auf Jugoslawien wurden aus US-amerikanischen, britischen, französischen, deutschen, italienischen, kanadischen, holländischen, belgischen, spanischen und türkischen Flugzeugen abgeworfen. Die aus 19 Staaten bestehende nordatlantische Allianz war erst vor kurzer Zeit um Polen, Ungarn und Tschechien erweitert worden. (vgl. Hofbauer, Hannes: 1999, 144) „Der nichterklärte NATO-Krieg gegen Jugoslawien war eine jeder Rechtsgrundlage entbehrende Aggression. Gebrochen wurden das Völkerrecht, die UN-Charta, die NATO-Statuten und vielerlei nationale Verfassungen, insbesondere auch das deutsche Grundgesetz. ... Insbesondere das Gewaltverbot nach Artikel 2, Absatz 4 der UN-Charta läßt keinen Zweifel daran, daß die NATO-Luftschläge von Anfang an völkerrechtswidrig waren. Dieser Artikel verbietet ausdrücklich Gewaltandrohung und Gewaltanwendung in den internationalen Beziehungen." (ebenda: 145) Es findet sich in den völkerrechtlichen Abkommen keine Rechtfertigung für den Überfall auf einen souveränen Staat, der keine internationalen Grenzen verletzt und keinen anderen Staat angegriffen hat. Während die erste Angriffswelle gegen militärische und polizeiliche Logistikzentralen, Bürohäuser, Kasernen und Kommunikationseinrichtungen gerichtet war, ging die Nato nach einstimmigem Beschluss für die Operation ‚Allied Force' bald dazu über, die zivile Infrastruktur zu zerstören, die Phase 2 zielte auf Fabriken, Energieversorger und -lager, Verkehrsverbindungen, insbesonders Brücken und Eisenbahnlinien. Als Ziel der Bombardements wurde immer wieder genannt, die Vertreibungen zu stoppen, wobei Vertreibung und sog. humanitäre Katastrophe ursächlich mit den Nato-Angriffen zusammenhängen, Völkermord, Genozid und systematische Vertreibung waren erst nach den Nato-Bombardements die Stichworte der Diskussion. Es ist bis heute zweifelhaft, ob es eine operative Strategie der ‚ethnischen Säuberung' vor Beginn des Luftkrieges gegeben hat. (vgl. ebenda: 145ff) Das Jahrbuch der britischen ‚Helsinki Commission of Human Rights' dokumentierte, dass Massenvertreibungen erst mit den Bombenangriffen begonnen haben. (vgl. Mader, Gerald: 1999, 5) Die Verluste der jugoslawischen Armee hielten sich in Grenzen, sie war ob ihrer Partisanentaktik der Nato überlegen, schweres Kriegsgerät blieb fast unbeschädigt. (vgl. Hofbauer, Hannes: 1999, 151f) „Die Abfolge von Bombenkrieg und Vertreibung konnte strategischen Köpfen in Brüssel oder Washington nicht entgangen sein. Doch die NATO kümmerte sich nicht darum. Sie setzte offensichtlich die kosovarische Bevölkerung als Kriegspfand ein. Die Serben taten es der NATO gleich. Die albanischstämmige Bevölkerung war zwischen alle Fronten geraten, sie hatte die größten Kriegsleiden zu ertragen." (ebenda: 152) Tabuisiert wurde die Gewalt der UCK gegen missliebige AlbanerInnen, dazu haben Hinrichtungen gehört, besonders betroffen waren jene jungen Männer, die sich der Zwangsrekrutierung entziehen wollten, auf den Fluchtwegen der Menschen warteten die Rekrutierungstruppen, wer in Albanien angekommen war, war immer noch nicht sicher, unter den Augen von Hilfsorganisationen und UNO-MitarbeiterInnen sowie Nato-Offizieren streiften UCK-Kommandos durch die Lager, Fahrzeuge mit flüchtenden Menschen wurden gestoppt, die wehrfähigen Männer ausselektiert. Sicher vor Zwangsrekrutierung waren die Kosov@-Albaner auch in Deutschland und Österreich nicht, in Österreich versteckten sie sich vor der Öffentlichkeit, in Deutschland wurden jene zum Kampf gezwungen, die wohlbekannt von der jeweiligen albanischen Kommunität keine Pässe hatten, die Drohung hieß, den ungeklärten Aufenthaltsstatus den Behörden zu melden (vgl. ebenda: 153f)

7.4.3. Kriegsleid

„78 Bombennächte, über 50 Bombentage, 1.000 Kampfjets ... 15.000 Tonnen Explosivstoff auf Jugoslawien, 1.800 großteil bis zur Unkenntlichkeit zerfetzte Zivilisten, 500 (nach jugoslawischer Quelle) bis 5.000 (nach NATO-Briefing) getötete Soldaten, 6.500 Verwundete, 1 Million Vertriebene, Zigtausende ... Geflüchtete, mehrere tausend Ermordete im Kosovo, 280 Bombenangriffe auf Pristina, 156 auf Prizren, 120 auf Novi Sad, noch mehr auf Belgrad, 200 dem Erdboden gleichgemachte Fabriken, in Brand geschossene Raffinerien, ein lahmgelegtes Wasser- und Energiewesen, 33 zerstörte Brücken, unbezifferte Verwüstungen am Straßen- und Eisenbahnwesen, unschätzbare ökologische Schäden, in Brand gesteckte kosovarische Dörfer, in Schutt und Asche gelegte Wohnviertel in fast allen Städten Jugoslawiens, zerbombte Regierungsgebäude, Rathäuser, Kirchen, Klöster, Spitäler, Schulen, Universitäten, Kindergärten, Sportanlagen, Museen, Gedenkstätten, Friedhöfe. Das Land ist zerstört. Die Führer der internationalen Wertegemeinschaft, vertreten durch den NATO-Rat, legen Wert auf die Feststellung, jedem einzelnen Angriffsziel ‚politisch' zugestimmt zu haben." (Hofbauer, Hannes: 1999, 155) Verwickelt waren in diesen Krieg auch die in Bosnien stationierten SFOR-Truppen der Nato, SFOR-Einheiten hatten die Eisenbahnlinie Belgrad-Podgorica gesprengt, bosnisch-serbische Steckenwächter, die Alarm schlagen wollten, wurden erschossen. Mit 6 Marschflugkörpern wurde die größte Autofabrik in Südosteuropa in Kragujevac zerstört, damit gibt es seit 9. April 1999 Zastava nicht mehr, obwohl die Belegschaft und das Management einen offenen Brief an die Nato gerichtet hatten, dass die Angestellten das Werk nicht verlassen würden, gerade Zastava war ein Ort der politischen Opposition gegen Milosevic gewesen, 140 ArbeiterInnen wurden verletzt, 38.000 Menschen haben ihren Arbeitsplatz verloren, gemeinsame Projekte mit Fiat und Peugeot waren geplant gewesen. (vgl. ebenda: 157f) „Die Zerstörung des Zastava-Werkes steht für den Willen der westlichen Allianz, Jugoslawien seiner industriellen Fähigkeiten, die ohnehin in der Krise steckten, gänzlich zu berauben. Um damit den Weg frei zu machen für Importe aus der EU und den USA: in Kragujevac wurde Weltmarkt-Industriepolitik mit Bomben betrieben." (ebenda: 158) Die Nato griff Dörfer im Kosov@, die mehrheitlich serbisch besiedelt waren an, militärisch hatten solche Ziele keinerlei Wert, Hinweise auf die Ortschaften kamen vermutlich von UCK-Truppen, am 13. April traf eine Rakete den internationalen Zug Saloniki-Belgrad, der gerade die Eisenbahnbrücke bei Grdelica im Süden Serbiens überqueren wollte, 10 Passagiere wurden getötet, 16 verletzt, am 14. April wurden 75 von der makedonischen Grenze zurückkehrende AlbanerInnen Opfer eines Nato-Angriffes: eines der größten Flüchtlingsmassaker im Kosov@, die Nato sprach von Irrtum und Irrläufer, Interesse am Angriff hätte die UCK gehabt, denn es handelte sich um rückkehrwillige Menschen, die in ihrer Dörfer zurückwollten, am 15. April wurde die Chemiefabrik in Pancevo bei laufender Produktion getroffen, gerade jene Tanks, die die gefährlichsten Substanzen enthielten, wurden zerstört. Im Zuge des Angriffs der Kommunikationsstrukturen wurde am 23. April während der Nachrichtensendung der Senderaum des staatlichen Fernsehens RTS bombardiert, zehn Personen starben sofort, sechs weitere JournalistInnen an den Folgen. Der Angriff auf die zivile Kommunikationsstruktur – das über den Satelliten EUTELSAT ausgestrahlte Programm wurde abgedreht – verletzte nicht nur das vermeintlich existierende Recht auf freie Meinungsäußerung und diverse Verträge sondern auch das Aktienrecht, da RTS Teilhaber an EUTELSAT ist. (vgl. ebenda: 158ff) „Die militärische Gewalt der NATO hat sich in diesem Fall über das Leben von Journalisten, das hehre Wort der Meinungsfreiheit, den Aktienbesitz eines mißliebigen Gesellschafters und vieles mehr hinweggesetzt und einem Meinungstotalitarismus den Weg gebombt, der ... noch lange verheerende Auswirkungen haben wird. ... CNN-Reporter, die ebenfalls im Sendeturm von RTS gearbeitet hatten, verließen kurz vor dem Bombardement die TV-Anstalt. Sie dürften von der NATO rechtzeitig informiert geworden sein. Ihre serbischen Kollegen warnte niemand." (ebenda: 160f) Die am 25. April beschlossene Seeblockade, die auch Rußland betraf, stellte eine weitere Eskalation der international angespannten Situation dar, am 28. April hatte eine Bombe in der bulgarischen Hauptstadt Sofia eingeschlagen, nach offizieller Erklärung ein Irrläufer, fest steht auch, dass sich die bulgarische Regierung bis zu diesem Zeitpunkt geweigert hatte, den Luftraum für Nato-Flugzeuge zu öffnen, am Tag darauf wurden die Überflugsgenehmigungen erteilt. Am 8. Mai detonierten vier Cruise Missiles in der chinesischen Botschaft in Belgrad, vier Botschaftsbeamte starben, 50 Menschen wurden verletzt, die USA sprach von einem Fehler und alten Stadtplänen, Tatsache ist auch, dass zwei Tage zuvor der G8-Gipfel eine Verhandlungslösung nahe legte, ein UN-Beschluß über den Rückzug der jugoslawischen Einheiten aus dem Kosov@ und die Stationierung internationaler Truppen unter UN-Hoheit war nahe. Die Raketen waren mit speziellen Mikrowellen-Bomben bestückt die alle Halbleiter zerstörten, damit wurden alle computergestützten Daten gelöscht, dies stellte einen schwerer Schlag für die chinesische Sicherheit und Diplomatie dar, die sicherstellte, dass China im UN-Sicherheitsrat ein Veto gegen den geplanten Friedensschluss erheben würde. Am 14. Mai wurden 100 Kosov@-AlbanerInnen im Dorf Korisa durch Streubomben getötet. Das Genfer Völkerrechtsabkommen aus 1977 verbietet in der Kampfführung Methoden und Mittel, die zu einer ausgedehnten und lang anhaltenden, schweren Schädigung der natürlichen Umwelt führen. In zahlreichen Städten, wie Novi Sad, Smederevo, Gnjilane, Pristina, Belgrad usw. wurden Raffinerien, Treibstofflager, petrochemische und pharmazeutische Anlagen zerstört, das Ausmaß und die Folgen sind noch nicht abzuschätzen. In den Abgasen, Asche und sonstigen Rückständen des Verbrannten wurden tödlich-gefährliche chemische Verbindungen gefunden. Folgen sind neben Atemwegserkrankungen und Vergiftungssyndromen erhöhtes Krebsrisiko, die Kontamination von Böden und Grundwasser, über die Donau hatte sich ein 25 km langer Ölteppich gebreitet, die Krankheitsbilder der Menschen reichen von Krebs und Lungenödemie bis zu Vergiftungen in Leber-, Fett- und Hautgewebe. (vgl. ebenda: 162ff) „Der Großteil der kosovarischen Bevölkerung erlebte den Bombenkrieg auf der Flucht. Albanischstämmige Männer, Frauen und Kinder waren der Willkür jugoslawischer Kommandanten und Sonderpolizisten ausgesetzt. Ganze Dorfbevölkerungen irrten in umliegenden Wäldern umher, auf der Suche nach Schutz, Nahrung und Sicherheit." (ebenda: 163)

7.4.4. Die Nato-Waffen

Unter den eingesetzten Waffen sind zwei Arten besonders grausam. Einerseits die DU-Munition, depleted uranium, eine aus abgereichertem Uran hergestellte panzerbrechende Munition, beim Durchschlagen der Panzerung wird Radioaktivität frei, die als Wolke in die Umwelt gelangt und zu radioaktiver Verseuchung führt, während die Zivilbevölkerung an den Schädigungen leidet, war kaum panzerbrechende Munition gebraucht worden, da die meisten getroffenen Panzer Attrappen aus Gummi und Blech gewesen sind. Die Wunderwaffe, die die westlichen Medien faszinierte war der ‚unsichtbare' Stealth-Bomber F 117A. Die Cluster- bzw. Kassettenbomben, eine Art von Anti-Personen-Minen, kamen gegen große Gebäudekomplexe, Flughäfen, Zivilbevölkerung und Soldaten zum Einsatz, bei einer Reichweite von 150 Metern verursachen sie schlimmste Verletzungen, sie liegen heute noch tausendfach als Blindgänger in Jugoslawien, besonders in Kosov@. Premiere hatten die bisher in ihrer Wirkung unbekannten Waffensysteme Mikrowellen- und Graphitbombe. Die Mikrowellenbombe zerstört Halbleiter, d.h. Computer-Chips und jede digitale Speicherung, sie wurde gegen zivile und militärische Kommunikationssysteme eingesetzt. Die Graphitbombe, ausgerüstet mit Millionen von feinsten Graphitfäden, elektromagnetisch aufgeladenen Kohlepartikeln, könnte kriegsentscheidend gewesen sein, diese Bombe haftet an allem, was elektrisch ist, vom Umspannwerk über die Überlandleitung, vom Notstromaggregat bis zum häuslichen Sicherungskasten wird der Strom kurzgeschlossen, der Einsatz der Graphitbomben trug maßgeblich zur Zermürbung der Bevölkerung bei. (vgl. Hofbauer, Hannes: 1999, 166ff)

7.4.5. Kriegslegitimation

„Die Erfindung der 68er-Generation heißt ‚humanitärer Krieg'. Geführt wird er mit dem Begriff der ‚Menschrechte'. Begriffliche Definition ist keine vorgesehen. In seiner Schwammigkeit steckt die propagandistische Stärke." (Hofbauer, Hannes: 1999, 171) Das Wort Krieg war in diesem Krieg ein selten ausgesprochenes. „Es geht ... um Verteidigung der Integration Europas und dessen, worauf diese beruht: um Verteidigung ‚unserer Werte'. ... Nicht Menschen, Werte sollen verteidigt werden. ... Westliche Werte in Jugoslawien verteidigen kann ... nur heißen, unsere Lebensart dieser Nation aufnötigen zu wollen im Blick auf eine von uns für sie anvisierte Mitgliedschaft in der Europäischen Union. In diesem Fall handelt es sich um den klassischen Fall eines imperialistischen Krieges." (Spaemann, Wolfgang: 1999, 25) US-Präsident Clinton hatte in der Nacht auf den 24. März eine Erklärung abgegeben, die zur Legitimationsdoktrin wurde und einer Geschichtsfälschung gleichkommt, Serbien hätte den ersten Weltkrieg ausgelöst, in Serbien hätte es den Holocaust gegeben, eine Wiederholung der Geschichte dürfe nicht sein, daher die Bomben. (vgl. Hofbauer, Hannes: 1999, 144f) „Die mutmaßlich absichtsvolle Verwechslung von Kroatien und Serbien, von Judenvernichtern und KZ-Opfern, stieß auf keinerlei Protest bei den europäischen Verbündeten. Im Gegenteil – sie wurde zur ideologischen Grundlage für den Krieg gegen Jugoslawien." (ebenda: 145) In Westeuropa entstand ein kaum durchbrochener gesellschaftlicher Konsens, dem zufolge das serbische Regime mit dem Nationalsozialismus gleichzusetzen sei. „Für die Annahme, daß die moralische Motivation nicht ausschlaggebend für die Entscheidung der NATO zu einem Angriffskrieg war, sprechen sowohl die verfehlte Strategie der NATO – zum Schutz der Kosovo-Albaner wäre eine andere Einsatzplanung wie Sicherheitszonen für Flüchtlinge, etc. erforderlich gewesen – als auch ihre politischen Ziele, die ständig geändert wurden (Erzwingung der Unterfertigung des Rambouillet-Vertrages, Verhinderung der Vertreibung der Kosovo-Albaner, Zerschlagung der serbischen Militärstruktur und Zerstörung der Infrastruktur und zuletzt laut Clinton ‚Korrektur' der Vertreibungen)." (Mader, Gerald: 1999, 6) „Innerhalb weniger Wochen wurden alle internationalen Vereinbarungen mißachtet und zerstört, die unter dem Eindruck schon der Kriege seit der zweiten Hälfte des 19. und vor allem jener im ganzen 20. Jahrhundert entstanden: die Haager Landkriegsordnung, die Genfer Konventionen, die Deklarationen der Vereinten Nationen und Resolutionen des Sicherheitsrates – von jenen über die Menschenrechte bis zu jenen der Ächtung bestimmter Arten von Kriegsführung und -waffen ... sowie die europäischen Vereinbarungen der vergangenen Jahrzehnte und Jahre, speziell jene der Organisation für Sicherheit und Zusammenarbeit in Europa; mißachtet wurden die Verfassungen bzw. vergleichbare Rechtsgrundlagen der am Krieg beteiligten Länder sowie politische Grundpositionen und Grundkonsense ..." (Geier, Wolfgang: 1999, 199f) Nach völkerrechtlichen Gesichtspunkten müssen nicht nur der Krieg, sondern auch die Mittel legitim sein. „Die Mittel müssen verhältnismäßig sein, der zugefügte Schaden darf nicht höher als derjenige sein, der damit verhindert werden soll und die Strategie, der Mitteleinsatz muß erfolgversprechend erscheinen. Es bedarf daher der richtigen Mittel und einer erfolgversprechenden Strategie. Alle diese Voraussetzungen waren beim Luftbombardement der NATO nicht gegeben. Das Bombardieren der unschuldigen Zivilbevölkerung (zu unterschiedslos und fast wahllos nach Meinung der Menschrechtskommissarin Mary Robinson) und die Zerstörung der gesamten Infrastruktur Jugoslawiens wird dem Erfordernis der Verhältnismäßigkeit nicht gerecht." (Mader, Gerald: 1999, 7) Das militärische Ziel bestand offensichtlich darin, den Gegner zur bedingungslosen Kapitulation zu zwingen, da es angesichts der Strategie mit der dieser Krieg geführt wurde keine politische Lösung gibt, bleibt auch nur eine militärische Lösung. Das gegnerische Gebiet wird zu einem US-/NATO-Protektorat, eingeteilt in Besatzungszonen. (vgl. Geier, Wolfgang: 1999, 203) „Der Kriegsverlauf hat jedenfalls gezeigt, daß es keinen moralischen Krieg gibt. Die Intervention der NATO hat mehr Unrecht, Unordnung und Menschenrechtsverletzungen hervorgebracht als eine Nichtintervention." (Mader, Gerald: 1999, 6) „Wer von uns hätte sich je vorstellen können, daß Demokratien ... einen Krieg aus Gründen einer ‚humanitären Katastrophe' führen, im Vorfeld der militärischen Aktivitäten aber keineswegs Vorsorge für eben die Opfer der humanitären Katastrophe treffen, im Gegenteil medizinische Versorgung, Lebensmittel, Wasseraufbereitung, Zelte mit oder ohne Absicht einfach vergessen?" (Lutz, Dieter: 1999, 12)

7.5. Beendigung des Luftkrieges

Nach vielen gescheiterten Verhandlungen legten der finnische Präsident Martti Athiasaari und Viktor Tschernomyrdin in Belgrad am 2. Juni 1999 den Friedensplan der G8-Guppe vor. Dieser sah eine rasche Abfolge von UN-Beschluß, Waffenruhe und jugoslawischen Truppenrückzug aus dem Kosov@ vor. (vgl. Hofbauer, Hannes: 1999, 178) „Der Rhythmus von UNO-Generalversammlung, Grenzgesprächen zwischen serbischen und NATO-Generälen, beginnenden Rückzug der Serben und Kriegsstop der NATO suggerierte eine Gleichzeitigkeit, die es für alle Seiten möglich machte, den

Krieg zu beenden." (ebenda: 178f) Einzig die USA hatten nochmals versucht, den Friedensplan zu torpedieren, als ein B-52 Langstreckenbomber einen Bombenteppich über die Abhänge des Berges Pastrik, auf dem sich angeblich 600 bis 800 möglicherweise sich auf dem Rückzug befindender serbischer Soldaten befanden, legte. Erst zwei Wochen später, nach dem völligen Abzug aller jugoslawischer Militär- und Polizeikräfte aus dem Kosov@ verkündete die Nato offiziell das Ende der Bombenangriffe. (vgl. ebenda: 179)

7.6. Geopolitische Strategien und internationale Interessenslagen

In der Rede, in der US-Präsident Clinton nach der Verkündung des Endes der Bombardements den Kosov@-AlbanerInnen zur Wiedererlangung ihrer Muttersprache gratulierte, verkündete er, dass es ein Sieg für eine sichere Welt, demokratische Werte und ein stärkeres Amerika gewesen ist. „Nach der Zerschlagung Jugoslawiens hat es die Welt mit einem ‚stärkeren Amerika' zu tun. Darin lag ... letztlich für Washington der Sinn der ganzen Angelegenheit. Die Neuordnung Europas – und mit ihr die Neuordnung des Balkan –, ... ist ohne die Berücksichtigung US-amerikanischer Interessen nicht durchführbar." (Hofbauer, Hannes: 1999, 179) Waren die USA zu Beginn gegen die Unabhängigkeit Sloweniens und Kroatiens, so war sie als logistischer Helfer bei der Vertreibung der serbischen Bevölkerung aus der Krajina schon dabei. (vgl. ebenda: 179f) In der Krajina gibt es Öl- und Kohlevorkommen. Am Fluß Save in der Region Tuzla gibt es ausgedehnte Ölfelder. Die in Chicago ansässige Firma AMOCO hat neben anderen ausländischen Unternehmen geologische Untersuchungen in Bosnien veranlaßt, aber den nationalen Regierungen die Ergebnisse nie mitgeteilt. (vgl. Chossudovsky, Michel: 1999, 232) „Die bosnische Sezession geriet dann zunehmend in die Hände des State Departements, der Teilungsplan für Bosnien-Herzegowina war eine rein US-amerikanische Erfindung; die Protektoratsverwaltung des Landes koordinieren Weltbank und Währungsfond in Washington." (Hofbauer, Hannes: 1999, 180) Die Europäische Union ist über UN- und OSZE-Gremien beteiligt, in Kosov@ stehen 35.000 Soldaten der KFOR, das Gebiet ist in fünf Besatzungszonen aufgeteilt, dazu kommt die internationale zivile Präsenz, die nach UNO-Resolution für die ‚Aufrechterhaltung der öffentlichen Ordnung und Sicherheit' verantwortlich ist. Die UNO-Resolution verweist explizit auf das Rambouillet Papier, in dessen 1. Artikel 4a es heißt, dass die Ökonomie des Kosov@ in Übereinstimmung mit den Prinzipien des freien Marktes funktionieren soll. Innerhalb der westlichen Wertegemeinschaft gibt es genügend Widersprüche, etwa über die Verteilung von Profiten, die politischen und ökonomischen Folgekosten hat die EU zu tragen, da in Europa die Auswirkungen des Krieges virulent sind. (vgl. ebenda: 183ff) „Der USA scheint damit zweierlei gelungen zu sein: ihre strategischen und ökonomischen Interessen – wie Marktöffnung, willfährige Regimes,

Investitionssicherheit etc. – durchzusetzen und den einzigen ernsthaften Konkurrenten um internationale Hegemonie, die Europäische Union, mit Kosten belasten zu können. Insofern hatten jene warnenden Stimmen recht, die die NATO-Bombardierungen als einen Krieg bezeichneten, der sich nicht nur gegen Serbien, sondern auch gegen Europa als ganzes richtete. Insbesondere auch gegen Rußland." (ebenda: 184) „Daß sich die USA in Südeuropa und im Mittelmeer festsetzen, bedeutet ... einen Schritt in Richtung Ausweitung der geopolitischen Einflußsphäre Washingtons über den Balkan hinaus: in die Region um das Kapische Meer, nach West- und Zentralasien." (Chossudovsky, Michel: 1999, 242) Davis Tucker, stellvertretender Direktor im US-State Departement formulierte das Interesse um das Gebiet um den Persischen Golf bis zum Kaspischen Meer, dieses Gebiet birgt etwa 75% der Erdölreserven und 33% der Erdgasreserven der Welt. (vgl. Hofbauer, Hannes: 1999, 184) Die Absicherung strategischer US-Interessen in Südosteuropa war gekennzeichnet durch eine ernstzunehmende Spaltung innerhalb der Gemeinschaft Unabhängiger Staaten in der Frage der geopolitischen Orientierung. Georgien, die Ukraine, Usbekistan, Aserbaidschan und Moldawien unterzeichneten im April 1999 in Washington ein Abkommen, mit dem das regionales Bündnis ‚GUUAM' geschaffen wurde, dieses liegt im Mittelpunkt der reichen kaspischen Gas- und Ölvorräte. Die Region ist von Nationalitätenkonflikten und separatistischen Bewegungen geprägt, ihre geopolitische Spaltung weist eine direkte Beziehung zum Nato-Luftkrieg auf. (vgl. Chossudovsky, Michel: 1999, 242) „Bestimmt von den Ölinteressen des Westens, ist die Gründung der GUUAM nicht nur darauf ausgerichtet, Rußland von den Öl- und Gaslagerstätten im Raum des Kaspischen Meeres auszuschließen, sondern auch darauf, Moskau politisch zu isolieren. Die Trennlinien des kalten Krieges könnten so wiedererstehen." (ebenda: 243) Für die internationale Atomwaffenpolitik hatte der Nato-Angriffskrieg massive Auswirkungen, Rußlands Haltung gegenüber dem Westen hat sich grundlegend verändert, dass der ständige Alarmzustand für Atomwaffen beendet wird, ist weiter entfernt denn je. (vgl. ebenda: 243f) General Wesley Clark, Oberbefehlshaber der Nato-Truppen musste zurücktreten, er hatte am Tag des russischen Einmarsches in Kosov@ Befehl gegeben, britische und französische Fallschirmjäger gegen den russischen Vorstoß nach Pristina einzusetzen, der von der Nato über einen Beschluss des UN-Sicherheitsrates inzwischen ins Amt gesetzte General Michael Jackson verweigerte die Befehlsausführungen mit dem Hinweis, für General Clark nicht den Dritten Weltkrieg zu riskieren, was den Schluss zulässt, dass es eine Bereitschaft Washingtons gegeben hat, die militärische Konfrontation mit Rußland als Möglichkeit in Betracht zu ziehen. (vgl. Hofbauer, Hannes: 1999, 185) Michael Geistlinger formulierte, dass das eigentliche Ziel des Nato-Angriffskrieges, das Abstecken der neuen Interessenssphäre von Nato, USA und EU gegenüber der Russischen Föderation und ihrer Verbündeten, mit der zwangsläufigen Folge des Wiedererstehens einer politischen Trennlinie quer durch Europa und einer Wiederaufnahme der Rüstungsspirale, im Abkommen von Rambouillet deutlich wird, insbesonders in jenen Bestimmungen, die das Territorium der Bundesrepublik Jugoslawien außerhalb des Kosov@ betreffen. Im Kapitel VII wurde die Errichtung einer 25 km langen gegenseitigen Sicherheitszone in der Bundesrepublik Jugoslawien außerhalb Kosov@s gefordert, wie der Luftraum Kosov@s wäre diese Zone für den jugoslawischen Luftverkehr zu sperren gewesen und unter Nato-Kontrolle unterstellt worden. (vgl. Geistlinger, Michael: 1999, 5) Der Annex B des von Jugoslawien nicht unterzeichneten Rambouillet Vertrages hatte im Artikel 8 von Belgrad gefordert: „Das Nato-Personal soll sich mitsamt seiner Fahrzeuge, Schiffe, Flugzeuge und Ausrüstung innerhalb der gesamten Bundesrepublik Jugoslawien inklusive ihres Luftraumes und ihrer Territorialgewässer frei und ungehindert sowie ohne Zugangsbeschränkungen bewegen können. Das schließt ein – ist aber nicht begrenzt auf – das Recht zur Errichtung von Lagern, die Durchführung von Manövern und das Recht auf die Nutzung sämtlicher Regionen oder Einrichtungen, die benötigt werden für Nachschub, Training und Feldoperationen." (Tuschl, Ronald: 1999, 38) „Das gesamte Abkommen, insbesondere aber die genannten Bestimmungen des Kapitel VII, reizen daher die Konsensgrenze einer – wenn auch wirtschaftlich extrem geschwächten – Russischen Föderation bis zum äußersten aus. Sie ist gefordert, einen Staat mit dem sie weit mehr als über Religion, Panslawismus und frühere Staatsideologie durch gemeinsame strategische Interessen ... verbunden ist, der unmittelbaren und auch physischen NATO-Kontrolle zu überantworten." (Geistlinger, Michael: 1999, 5) Die zentrale juristische Messlatte für staatliches Verhalten wurde in Frage gestellt: „Völkerrecht als Garant internationaler Sicherheit vor allem von Kleinstaaten wird in seinen Grundfesten erschüttert. Die rechtliche Vertrauenswürdigkeit, Verläßlichkeit und Berechenbarkeit aller Staaten, die die Bundesrepublik Jugoslawien attackieren, auf internationaler Ebene ist nicht mehr gegeben. Für jeden außerhalb dieser Staaten erhebt sich eine neue Grundfrage: Was, wenn das bestehende universelle Völkerrecht entfällt, schützt gegen diese Staaten, schützt gegen die NATO?" (ebenda: 5) Die Sicherheitsausrichtung, die nach Ende des Kalten Krieges aufgebaut worden ist, könnte sich grundlegend verändern. „Rußland und China könnten ihre Kooperation auch in Richtung eines neuen Verteidigungsbündnisses erweitern, wenn OSZE und UNO so desavouiert werden wie während des Kosovo-Krieges." (Altvater, Elmar: 1999, 26)

7.6.1. Neue Ausrichtung der Nato

„Grundsätzlich gilt für Militärbündnisse die vorherrschende Option, Konflikte mit militärischen Mitteln und auf der Basis einer militärischen Logik zu bewältigen. Es gilt, die Interessen der westlichen Supermächte Nordamerikas und Westeuropas mit militärischen Mitteln auszubauen, abzusichern und zu verteidigen. Die humanitäre Interventionsfähigkeit kann propagandistisch genützt werden, um für die eigentliche Funktion

Legitimität und genügend Kapazitäten zu erhalten. Der wahre Hintergrund liegt letztlich wohl darin, die im Gang befindliche globale wirtschaftliche Expansion, die überwiegend von den G7-Staaten ... und ihrem Anhang ausgeht, mit einem militärischen Instrument zu versehen." (Heidegger, Klaus/Steyrer, Peter: 1997, 62) Beim Gipfeltreffen in Rom 1991 wurde die Neuausrichtung der Nato-Strategie festgelegt. Zu den Funktionen gehören Krisenbewältigung, sog. friedensstiftende und friedensschaffende Maßnahmen, humanitäre Aktionen, Katastropheneinsätze, damit hat sich die Nato vom Militärpakt zum System kollektiver Sicherheit erweitert, infolge der ‚out of area' Einsätze ist der Interventionismus ein weltweit angelegter. (vgl. ebenda: 65f) Kosov@ war der Testfall für das neue strategische Konzept der Nato, die als Weltpolizist, Krisenmanager und Friedensstifter ohne UNO-Mandat agieren wollte, der 50. Geburtstag wollte gefeiert werden, die Generäle wollten neue Waffensysteme austesten, die deutsche Bundesregierung wollte keine Sonderrolle spielen und in einem Krieg auf Seiten der Aliierten stehen. (vgl. Mader, Gerald: 1999, 6) Deutlich zeigt sich die Parallelität der neuen Aufgabenstellungen der Nato mit den neuen Aufgabenstellungen der EU: „Die militärischen Aktivitäten der EU sollen vor allem bei den ‚Petersberg Aufgaben' liegen, zu denen auch Kampfeinsätze zur Friedensschaffung in Krisensituationen an beliebigen Orten Europas und in anderen Regionen der Welt gehören können." (stimmen zur Zeit, Nr. 167) Primäres Ziel der Nato scheint die Ausschaltung von UN und OSZE, d.h. vor allem von Rußland und China aus der Regulierung globaler Konflikte gewesen zu sein, erprobt wurde diese Strategie bereits im Golfkrieg II, im Fall Kosov@ gibt es neben Einigung über definierte Ziele auch europäisch-US-amerikanische Konfliktlinien. „Die Kontinental-Europäer haben im Verlauf des Jugoslawienkonflikts ... versucht, Rußland nicht auszubooten, sondern in die Konfliktregulierung zu integrieren und damit die zuständigen UN-Gremien vor allem den Sicherheitsrat, wieder in den Konflikt einzuschalten. Sie haben auch das wegen der Zerstörung der chinesischen Botschaft in Belgrad gestörte Verhältnis zu China zu heilen versucht. Es ist also ein Interessengegensatz zwischen den Westeuropäern (mit Ausnahme Großbritanniens) und den USA sichtbar geworden." (Altvater, Elmar: 1999, 26)

7.6.2. Ökonomische Auswirkungen des Krieges in Südosteuropa

Industrieproduktion und landwirtschaftliche Erträge gingen drastisch zurück, Bosnien-Herzegowina besteht aus den zwei Einheiten kroatisch-moslemische Föderation und Republika Srpska, im kroatischen Teil ist die Kuna neben der DM Zahlungsmittel, im serbischen Teil der Dinar, über die wirtschaftlichen Felder Finanz- und Budgetpolitik, Wechselkurse, Privatisierung, Einkommens- und Sozialpolitik entscheidet der IWF, weitere Destabilisierungen sind vorprogrammiert, die Wirtschaftleistung der aus Serbien und Montenegro bestehenden jugoslawischen Föderation ist zwischen 1990 und 1998 um 50% gesunken, nach dem Luftkrieg nochmals etwa um die Hälfte zurückgegangen. Durch die Unterbrechung sämtlicher Transitwege durch Serbien hat Makedonien zusätzlich große Probleme. (vgl. Hofbauer, Hannes: 1999, 190ff) „Börsenfachleute an der Wall Street stimmen darin überein, daß Krieg gut für das Geschäft sei, speziell in Zeiten einer abflachenden Wirtschaftsentwicklung. Zur Finanzierung des Jugoslawien-Krieges billigte der US-Kongreß eine Erhöhung der entsprechenden Budgetposten, wodurch der US-amerikanischen Rüstungsindustrie Aufträge im Wert von vielen Milliarden Dollar zufallen werden. ... Der militärisch-industrielle Komplex und die mit ihm verbundenen Hochtechnologiebereiche in den USA und Westeuropa werden durch den Krieg einen beträchtlichen Auftrieb erhalten ... Zum anderen wird die verdeckte Unterstützung und Finanzierung von ‚Freiheitskämpfern' (vom Balkan bis nach Zentralasien und in den Mittleren Osten) jenen lukrativen Schmuggelhandel mit leichten Waffen fördern, der einen expandierenden Markt nationalistischer Aufstandsbewegungen bedient." (Chossudovsky, Michel: 1999, 244) Kriegsgewinner in ökonomischer Hinsicht ist die USA. Die Börsenentwicklung veränderte sich zugunsten des Dollar. Die SN formulierte am 30.3.99: „Krise im Kosovo stärkt den Dollar und schwächt den Euro", (SN, 30.3.99, 11) und „Kosovo-Krise drückt den Euro auf Rekordtief ... Wegen der eskalierenden Krise in Jugoslawien flüchten internationale Anleger aus dem Euro in den Dollar" (SN, 30.3.99, 1) Für die künftige Wirtschaftspolitik hat sich die USA gegenüber der EU einen massiven Startvorteil vor der Einführung des Euro und gemeinsamen Wirtschaftsraumes verschafft. Als großer Kriegsgewinner kann sich die Rüstungsindustrie präsentieren. Den Rüstungskonzernen bringt der Nato-Angriffskrieg hohe Gewinne an den Börsen. Format recherchierte: „Der Einsatz am Balkan hat die Aktien des an der NYSE gehandelten Softwarehauses schlagartig aus einem All-time-Low gerissen. Die Cambridge-Aktie, die im Februar rund zehn Dollar kostete, legte nach Kriegsbeginn binnen Tagen um vierzig Prozent zu. ... Raytheon, Hersteller der von Jagdbombern abgefeuerten Tomahawk-Missiles, stieg von Mitte März bis letzte Woche um 22 Prozent auf 61 Dollar. Ein Hauptlieferant der US-Marine, Marschflugkörperproduzent General Dynamics, legte ebenfalls um über 20 Prozent zu, Papiere der United Technologies, die unter anderem Sihorsky-Hubschrauber zusammenbaut, haben sich seit ihrem Tief im vergangenen Herbst auf 136 Dollar fast verdoppelt. ... Der Boeing-Aktienkurs, der zuletzt im Dezember auf unter 32 Dollar gefallen war, stabilisierte sich Ende März bei rund 35 Dollar. ... Für viele Wertpapieranalysten steht nun fest, daß sich die Waffenproduzenten auch über den Krieg hinaus gut entwickeln werden ... Es dauert eben, bis die Arsenale wieder gefüllt sind." (Format, Nr. 15, 12.4.99, 110)

7.6.3. Stabilitätspakt für Südosteuropa

Am letzten Juli-Wochenende 1999 trafen 32 Staats- und Regierungschefs sowie 17 weitere hochrangige Funktionäre internationaler Organisationen in Sarajewo zusammen, um einen Stabilitätspakt für Südosteuropa zu beschließen, dessen Kernpunkt bildete die westliche Forderung nach offenen Märkten im Osten, die Länder wurden verpflichtet, Marktwirtschaften zu schaffen, die für Auslandskapital und Investoren offen sind. (vgl. Hofbauer, Hannes: 1999, 192f) „Was nach Beendigung des Krieges gemäß dem G8-‚Friedensplan' auf der Tagesordnung steht, ist die Verwandlung des Kosovo in ein besetztes Territorium unter westlicher Verwaltung. In groben Zügen entspricht dies jenem Modell, das man 1995 mit dem Abkommen von Dayton in Bosnien-Herzegowina durchsetzte." (Chossudovsky, Michel: 1999, 244) „Der Dayton-Vertrag vom 21.11.1995 besiegelte die Teilung Bosniens und bedeutete einen militärischen Sieg der NATO ... der bis heute einer militärischen Absicherung durch eine internationale Truppenpräsenz bedarf." (Mader, Gerald: 1999, 4) Deutlich erkennbar wird dadurch die bis heute andauernde geschaffene Instabilität der gesamten Region. Die marktwirtschaftlichen Reformen stehen unter Aufsicht der Bretton Woods-Institutionen, bereits ein Jahr vor Kriegsbeginn hat die Weltbank Simulationsmodelle entworfen, in denen mögliche Krisenszenarien im Kosov@ durchdacht und schon vorweggenommen wurden. (vgl. Chossudovsky, Michel: 1999, 244f) „Der sogenannte Wiederaufbau des Balkan durch ausländisches Kapital bedeutet Aufträge für multinationale Firmen in der Höhe von vielen Milliarden Dollar ... der vorgeschlagene ‚Stabilitätspakt', der von der Weltbank, der Europäischen Entwicklungsbank sowie privaten Kreditgebern finanziert werden soll, wird zum größten Teil westlichen Bergbau-, Mineralöl- und Bauunternehmen zugute kommen, während er die Auslandsschulden weit in das dritte Jahrtausend hinein nach oben treiben wird." (ebenda: 246)

7.7. Kriegsberichterstattung

7.7.1. Nato-Luftkrieg gegen Jugoslawien: Der erste Internetkrieg

Die Zeitschrift Format formulierte zum Nato-Angriffskrieg: „Kosovo Der Internetkrieg. Der Vietnamkrieg gehörte dem Fernsehen, der am Golf dem Kabelsender CNN. Den im Kosovo wird man dereinst als ersten Internetkrieg erinnern." (Format, Nr. 15, 12.4.1999, 40) Hier zeigt sich der ursächliche Zusammenhang zwischen medialer und kriegstechnologischer Entwicklung, das in diesem Krieg neu erprobte Medium ist das Internet, damit einher geht eine völlig neue Art von Kriegsführung. John Arquilla, Professor für ‚Defense Analysis' an der Naval Postgraduate School von Monterey, Kalifornien, Berater des Pentagon und Mitarbeiter der RAND Corporation analysierte die neuen Kriegsformen und Kriegsbegriffe: Cyberwar, Netwar, information Warfare. Seiner Einschätzung zufolge wird Cyberwar für das 21. Jahrhundert das sein, was der Blitzkrieg für das 20. Jahrhundert war. „Im Cyberkrieg will man soviel Information wie möglich über den Feind haben und diesem möglichst wenig Information über einen selbst zukommen lassen. Die Kräfteverhältnisse auf dem Schlachtfeld sollen durch Information zu seinem eigenen Vorteil verändert werden. Zu diesem Zweck setzt man High-Tech-Werkzeuge ein. Genauso wichtig ist aber, daß man seiner eigenen Organisation eine angemessene Struktur gibt. Man organisiert seine Truppe weniger hierarchisch, sondern eher in Form von Netzwerken." (Format, Nr. 23, 7.6.1999, 122f) Netwar wird definiert als weniger intensive Form, die eher von kleinen Gruppen geführt wird, während in Cyberwar klassische Kriegsparteien, Nationalstaaten verwickelt sind, kämpft im Netwar ein Netzwerk, etwa eine als Netzwerk organisierte Terrorgruppe. Der Begriff Information Warfare wurde im Pentagon geprägt und umfaßt theoretisch Netwar und Cyberwar, Information Warfare umfaßt jene Bereiche des Krieges, die traditionellerweise im Bereich der elektronischen Kriegsführung angesiedelt sind. (vgl. ebenda: 123) John Arquilla formulierte: „Information war auch früher wichtig, manchmal sogar kriegsentscheidend. Jetzt wird sie aber zum Schlüsselelement des Krieges: man kann nur siegen, wenn man möglichst alles über den Feind weiß, während der möglichst wenig über einen selbst weiß ... Wer Amerika treffen wollte, mußte früher Massenvernichtungswaffen haben. Solche ‚weapons of mass destruction' sind nicht leicht zugänglich. Heute gibt es ‚weapons of mass disruption', die leichter zugänglich und mitunter ebenso furchtbar sind. Es gibt also ein neues Bedrohungspotential, gegen das wir uns erst wappnen müssen." (ebenda: 123)

7.7.2. Die Kriegssprache der Medien im Nato-Luftkrieg gegen Jugoslawien

Im APA-Journal vom 14.4.99 wurde die Diskussion um die Sprache der Medien reflektiert, Dusan Relic, Wissenschafter am Europäischen Medieninstitut in Düsseldorf kritisierte: „Die Sprache in vielen Berichten von Printmedien sowie Fernseh- und Rundfunksendungen hat sich verändert und teilweise dem Jargon der Militärs angepaßt." (APA-Journal, 14.4.99, 9) Nur selten wird der Konflikt beim Namen genannt, es ist kaum die Rede davon, dass in Südosteuropa Krieg herrscht, Ereignisse werden durch Formulierungen verharmlost, die Medien sprechen von beweglichen Zielen, dabei handelt es sich aber um Menschen, nicht um Maschinen, ForscherInnen bemängeln, dass die Kriegsberichterstattung von wenig Distanz geprägt ist. (vgl. ebenda: 9) Spectrum vom 8.5.99 problematisierte unter dem Titel: „Wo ist der Rest der Bilder?" eine Kriegsberichterstattung, die bewußt all jene Fakten nicht kommuniziert, die nicht ins Legitimationsbild des Krieges passen. Malte Olschewski, ORF-Journalist und Balkan-Experte hatte für das Manuskript seines neuen Buches lange keinen Verleger gefunden. Er schildert das Werden der UCK, eine Entwicklung, die die romantisierte Vorstellung von Freiheitskämpfern entkräftet. (vgl. Spectrum, 8.5.99, VI) Mira Beham hat dem Falter ein Interview zum Nato-Luftkrieg gegeben und formulierte: „Im Augenblick machen alle Regierungen der Nato-Mitgliedsstaaten Militärpolitik. Es ist klar, daß die Nato und die jeweiligen Regierungen der Mitgliedsstaaten das allergrößte Interesse haben, ihre Seite des Konflikts darzustellen, um die Unterstützung der Öffentlichkeit zu gewinnen. Die Medien verhalten sich in erster Linie so, daß sie die Informationen weitervermitteln, sie aber kaum in Frage stellen. Die Nato fungiert also fast als eine Art Presseagentur. Es wird von Konzentrationslagern gesprochen, von Völkermord, von Deportationen usw. Also alles schwere Vorwürfe, die an das größte Verbrechen dieses Jahrhunderts erinnern, nämlich an den Holocaust. ... Die Assoziation zum Dritten Reich ist auch ein Coup einer PR-Agentur. Nämlich der PR-Agentur Ruder Finn. Sie wurde 1991/92 von der kroatischen und der bosnischen Regierung sowie der politischen Führung der Kosovo-Albaner engagiert." (Falter, 24/99, 19f) Marion Kremler verfaßte einen Bericht zur Mediensituation in Jugoslawien: Mit dem Beginn des Nato-Luftkrieges wurden viele unabhängige Medien in Jugoslawien sofort geschlossen, ihr Vermögen beschlagnahmt und die verbleibenden Medien unter staatliche Kontrolle gestellt. Eines der wenigen medialen Netzwerke, das ob der ausländischen Unterstützung Möglichkeiten zur Verbreitung von Information offenhalten konnte war B92: als Teil eines umfangreichen Netzwerkes, als Herausgeberin von Büchern und Zeitschriften, als Radio und über Internet. Über Telefonleitung und Satelliten war es dem Netzwerk unabhängig gebliebener JournalistInnen möglich, weiterhin zu senden. Nach dem Angriff der Nato auf das Belgrader Funkhaus machten sich auch die staatlichen Sender diesen Umweg nutzbar, woraufhin die Nato auch Satellitenanlagen bombardierte. (vgl. Kremler, Marion: 1999, 7) „Zu den bekannten Formen der Zensur kam eine neue hinzu. Und welche Zensur gibt es, die stärker ist als Bomben, ... soviel zur Demokratieförderung seitens der NATO." (ebenda: 8)

Empirischer Teil

8. Geschlechterverhältnis und Kriegsberichterstattung

Viele Gruppen und Personen nutzten das Internet, um über ihre Situation und ihren Blickwinkel zu berichten, diese Informationen unterschieden sich erheblich von jenen Themen, die die österreichische Medienlandschaft geprägt haben. Frauen in Kosov@ hatten sich zu Beginn der Eskalation zum ‚Network of Women of Kosova' zusammengeschlossen und kommunizierten, dass durch den Krieg Frauen in noch stärkere Abhängigkeit und Repression gedrängt worden sind, thematisierten die Menschenrechtssituation, die Gewaltsituationen, die politischen Bedingungen, die massive Verstärkung patriarchaler Strukturen in der Familie und Gesellschaft sowie die Aktivitäten der Frauengruppen. Zahlreiche Berichte zu den Lebensbedingungen der Frauen kamen vom ‚Kosova Crisis Center' unter der Adresse alb-net/kcc/women-kosov@.htm. Das ‚Network of Women of Kosova' beschrieb, dass die Position der Frauen in Kosov@ derart von Unterdrückung geprägt ist, dass Aktivitäten von Frauengruppen verboten wurden, das Frauennetzwerk forderte die Rechte der Frauen als Menschenrechte, als ökonomische Rechte und als Überlebensrecht ein und arbeitete mit der Zielsetzung, das Vertrauen der Frauen zu gewinnen, denn die Männer haben sich durch die Repressionen Serbiens daran gewöhnt, ihre Frauen in Isolation zu halten, ihre Bewegungsfreiheit zu kontrollieren, sie benutzten dazu die allgemeine politische Unsicherheit. Das ‚Network of Women of Kosova' hat folgende Forderungen formuliert: Frauen brauchen Räume, eine angstfreie Atmosphäre, um über Gewalt zu reden, um Hilfe annehmen zu können, zur Abschaffung der Traditionen, die Frauen in eine unterdrückte Rolle drängen, Frauenrecht ist Menschenrecht, es geht um die Wahrung des Rechtes auf Leben, auf Beschäftigung, auf medizinische Betreuung, auf Meinungsfreiheit, auf Bildung, freie Partnerwahl, um die Möglichkeit, den eigenen Lebensweg zu gehen. Auf serbischer Seite haben sich viele Frauen an der Belgrader Demokratiebewegung beteiligt, die unter anderem von der Belgrader Universität, dem ‚Women Studies Center', Frauen und Männern aus dem Medien-, Kunst- und Kultur- sowie dem Menschenrechtsbereich getragen wurde, sie richtete Appelle, Analysen und Erklärungen an die Weltöffentlichkeit, wie: „A statement of concerned serbian citizens", welches die negativen Auswirkungen des Nato-Bombardements auf die Demokratiebewegung und die Erfordernis politischer Rahmenbedingungen für eine antinationalistische und demokratische Entwicklungsmöglichkeit in Serbien zum Inhalt hatte. (owner-b92press-l@xs4all.nl, 27.4.99) Ein Netzwerk verschiedener Frauenorganisationen, wie dem

‚Asian Center für Women's Human Rights', ‚Philippines Center for Women's Global Leadership', dem ‚Violence Against Women in War Network', dem ‚Women Living Under Muslime Laws' und dem ‚International Solidarity Network' trat mit dem Appell „Women's call on the former yugoslavia to the hague appeal for peace" an die Öffentlichkeit und forderte die Beendigung der ethnischen Unterdrückung und der Bombardements, sowie den Beginn eines Friedensprozesses unter Einbindung von UNO und OSZE sowie von RepräsentantInnen der Zivilgesellschaft unter signifikanter Beteiligung von Frauen. Gefordert wurde die umfassende Beteiligung und Berücksichtigung von Frauenrechten. (hmarieme@mnet.fr, 28.4.99) Die Beendigung des Krieges und den Beginn von direkten Friedensverhandlungen unter Einbindung der UNO forderten in einer gemeinsamen Presseerklärung auch die FriedensnobelpreisträgerInnen Betty Williams, Frederik de Klerk, Rigoberta Menchu, Simon Peres, David Trimble, Joseph Rotblat und Mikhail Gorbachov. (owner-sunflower-napf@lists.xmission.com, 6.5.99) Breiten Raum nahm die Diskussion über die ökologischen Schäden des Krieges ein, die vor allem durch Rosalie Bertell, Ph. D., Canadian Epidemiologist und Janet M. Eaton, Educater, Researcher, Public Policy Consultant, Canada getragen bzw. fundiert wurden, dabei standen die durch DU-Munition verursachten Schäden im Vordergrund. Diese vielfältigen Diskurse und Aktivitäten, die unter zahlreicher Frauenbeteiligung stattgefunden haben, die den Protest gegen den Krieg ausgedrückt haben, die die Bedingungen analysiert und Lösungsmöglichkeiten erarbeitet und zur Diskussion gestellt haben, fanden in der österreichischen Kriegsberichterstattung kaum Berücksichtigung.

8.1. quantitativer Teil:

8.1.1. Forschungsfrage

Wie groß ist der Anteil von Frauenberichterstattung in der gesamten Kriegsberichterstattung? Wie groß ist in der Frauenberichterstattung der Anteil der Akteurinnen (Frauen als handelnde Subjekte), wie groß ist der Anteil der Opferberichterstattung (Frauen als passive Objekte) ?

8.1.2. Festlegung des Analysematerials

Exemplarisch für die österreichische Medienberichterstattung habe ich die Printmedien „Profil" und „Format" für die Wochenzeitschriften, sowie „Standard", „Salzburger Nachrichten" und „Kurier" für den Tageszeitungsbereich ausgewählt. Ich habe nach Schlagzeile selektiert, unberücksichtigt blieben die Bereiche Leserinnen- und Leserbriefe, Anzeigenteil, Sport und TV-Programm. Bilder und Bildunterschriften blieben unberücksichtigt.

8.1.3. Analysezeitraum

Der Zeitraum der Analyse erstreckte sich vom 24. März 1999 bis 21. Juni 1999, ich habe mich somit auf den gesamten Zeitraum des Kriegsverlaufs bezogen. Am 24. März begannen die Bombardements, am Sonntag den 20. Juni 1999, zwei Wochen nach Einstellung der Bombardements wurde der Luftkrieg offiziell für beendet erklärt.

8.1.4. Begriffsklärungen

Ich habe die Kriegsberichterstattung in allgemeine Kriegsberichterstattung und Frauenberichterstattung eingeteilt. Als Frauenberichterstattung wurden jene Artikel gewertet, die in der Schlagzeile explizit Frauen erwähnen, z.b. namentlich, oder begrifflich, etwa „Managerin der Flüchtlingshilfe", im Rahmen der Opferberichterstattung, etwa „Angst um ihre zurückgebliebenen Angehörigen quält die Kosovo-Flüchtlinge: ‚Besser wäre es, sie wäre tot'" oder bei eindeutiger Zuordnung frauenspezifischer Begriffe, z.b. Vergewaltigung, Abtreibung oder ‚Pille danach'.

8.2. qualitativer Teil:

Ich habe im zweiten Schritt die qualitative Methodologie gewählt, hierbei bin ich nach der Inhaltsanalyse nach Mayring vorgegangen, die manifeste Kommunikationsinhalte untersucht, da diese Methode, mittels der „ ... durch den Text Aussagen über den emotialen, kognitiven und Handlungshintergrund der Kommunikatoren ..." (Mayring, Philipp: 1988, 47) gewonnen werden können, sehr offen und vielseitig angelegt ist.

8.2.1. Forschungsfragen

Welche vom Krieg betroffene Frauen im Kosov@ Konflikt kommen – anhand ausgewählter Printmedien – in der österreichischen Medienberichterstattung vor? Wie kommen die vom Krieg betroffenen Frauen im Kosov@ Konflikt in der österreichischen Medienberichterstattung vor? Welche Dimensionen von Betroffenheit werden thematisiert? Welche Dimensionen des Verhältnisses Frauen – Militarismus werden im Kosov@ Konflikt thematisiert?

8.2.2. Festlegung des Analysematerials

Aus den für die quantitative Erhebung ausgewählten Printmedien habe ich für die qualitative Erhebung jene Artikel der Printmedien ‚Profil', ‚Format', ‚Der Standard' und ‚Kurier' gewählt, die unter Frauenberichterstattung fallen, die ‚Salzburger Nachrichten' habe ich nicht mehr berücksichtigt, da sie keine neuen inhaltlichen Themen in bezug auf die Fragestellung beinhaltete.

8.2.3. Phasen der Analyse

In der ersten Phase der Analyse habe ich die einzelnen Artikel in Textstellen gegliedert und durch „Auslassungen, Generalisierungen, Konstruktionen, Integrationen, Selektionen und Bündelungen" (Lamnek, Siegfried: 1995, 209) abstrahiert, im Zuge der Schritte Paraphrasierung, Generalisierung und Reduktion. Auf Basis der zweiten Reduktion habe ich Gruppen gebildet und eine inhaltliche und typisierende Strukturierung herausgearbeitet.

8.3. Diskussion der Ergebnisse

Insgesamt habe ich 2640 Artikel gezählt, die sich auf die ausgewählten Printmedien wie in Tab 1 aufgeschlüsselt verteilen, davon entfielen 96,5% auf allgemeine Berichterstattung und lediglich insgesamt 3,5% auf Frauenberichterstattung, ungeachtet dessen, dass in diesem Krieg Frauen machtvolle politische Funktionen innehatten.

Medien	Ausgaben	allgemeine Berichterstattung		Frauen-Berichterstattung		gesamt
		Artikel	Prozent	Artikel	Prozent	
Standard	69	870	96,9%	28	3,1%	898
SN	73	638	96,7%	22	3,3%	660
Kurier	86	709	96,7%	24	3,3%	733
Format	13	169	95%	9	5%	178
Profil	13	162	94,7%	9	5,3%	171
gesamt	254	2548	96,5%	92	3,5%	2640

Tabelle 1

Überraschend ist, dass sich – aufgeschlüsselt in Tabelle 2 – der größere Anteil der Frauenberichterstattung mit 55,4% auf Frauen als Akteurinnen, als aktiv handelnde Personen bezieht, wobei zu beachten ist, dass Frauen in helfenden Rollen allgemein unter Akteurinnen subsumiert wurden und zum geringeren Anteil mit 44,6% Frauen in Form von Opferberichterstattung vorkommen. Dies ist vor allem darauf zurückzuführen, dass Frauen kriegsrelevante Funktionen innehatten.

	SN		Standard		Kurier		Profil		Format		gesamt	
	Art	%	Art	%	Art	%	Art	%	Art	%	Art	%
Akteurin	9	40,9%	18	64,3%	11	45,8%	5	55,6%	8	88,9%	51	55,4%
Opfer	13	59,1%	10	35,7%	13	54,2%	4	44,4%	1	11,1%	41	44,6%
gesamt	22		28		24		9		9		92	

Tabelle 2

Auf Seite der Akteurinnen habe ich in politische, und zwar in innenpolitische und außenpolitische, journalistische, wissenschaftliche, militärische, Anti-Kriegs-Akteurinnen und Akteurinnen im Kulturbereich differenziert. Die zweite große Gruppe behandelt Akteurinnen in der Rolle der helfenden Frauen. Die Opferberichterstattung habe ich in Themen gegliedert.

8.3.1. politische Akteurinnen

Zu den außenpolitischen Akteurinnen zählten die US-Außenministerin Madeleine Albright als Vertreterin des westlichen Gesellschafts- und Wertesystem, sowie Mira Markovic, Soziologin, Vorsitzende der kommunistischen Partei JUL, die als Frau präsentiert wurde, die wirtschaftliche Macht besitzt und als Ehefrau von Slobodan Milosevic Macht innehat, der Handlungskompetenz zugesprochen wurde, sowie Vesna Pesic, Philosophin, Begründerin des Wahlbündnisses ‚Gemeinsam' und Organisatorin des Belgrader Widerstands 1996. Diese drei Akeurinnen im Rahmen der politischen Ereignisse wurden ausführlich anhand ihres persönlichen wie beruflichen Werdegangs und anhand von Zuschreibungen verschiedener Charaktermerkmale beschrieben. Madeleine Albright wurde unnachgiebige Härte gegenüber Diktatoren, erklärt über ihre Kindheitserfahrungen attestiert, sie wurde als kalte Kriegerin und Falke der US-Politik benannt, Mira Markovic wurde als starke Frau, die weder Kritik noch Widerstand duldet und als machtvoll durch den Vorsitz der JUL und im Ehebett dargestellt, Vesna Pesic hingegen wurde als die Dame mit schneeweißer Weste und Frau ohne Zukunft bezeichnet, die für die Idee der bürgerlichen Demokratie und den Kampf gegen Nationalismus auf verlorenem Posten stand und sich aus dem öffentlichen politischen Leben zurückgezogen hat. Madeleine Albright stand stellvertretend für die Interessen der USA und Nato, Albright hat die neue Rolle der USA als Weltmacht skizziert sowie die neue Rolle der Nato als weltweite Interventionsmacht, sie definierte den Angriffskrieg gegen Serbien als Kampf Amerikas für seine Werte. Auf der anderen Seite stand Mira Markovic für Kommunismus und Antiimperialismus gegen die Hegemoniebestrebungen der USA.

Louise Arbour, Chefanklägerin des Haager Tribunals für Kriegsverbrechen im ehemaligen Jugoslawien, Mary Robinson, UNO-Menschenrechtskommissarin und Sadako Ogata, UN-Flüchtlingshochkommissarin repräsentierten politische Funktionen im Rahmen der Menschenrechtsfragen, das Hauptaugenmerk der Berichterstattung lag in der Beschreibung ihrer Arbeit, während Louise Arbour Recht in Echtzeit durchsetzen wollte und primär Angehörige des serbischen Regimes unter Anklage stellte, machte Sadako Ogata auf das Problem der Zwangsprostitution von aus Kosov@ geflohenen Frauen aufmerksam, in der Berichterstattung diente das Kriegsverbrechertribunal der Untermauerung der Darstellung Serbiens als zu verurteilende Kriegspartei und konzentrierte sich darauf, Kosov@-AlbanerInnen ausschließlich als Opfer darzustellen, während Mary Robinson für die Kritik gegen die Art der Kriegsführung der Nato stand, schwere Vorwürfe gegen die Nato erhob und in den Raum stellte, dass die in der Mehrheit zivile Personen und Ziele – etwa mittels Streubomben, auf sich auf der Flucht befindende Menschen oder die staatliche serbische TV-Station – anvisierenden Kampfflüge auch Thema vor dem Internationalen Gerichtshof werden könnten.

Jutta Ditfurth, Gründungsmitglied, langjährige Vorsitzende, inzwischen aus der Partei ausgetretene und Kritikerin der deutschen Grünen und Angelika Beer, Wehrsprecherin der Grünen standen für den Diskurs um die Rolle der deutschen Regierung, insbesonders der Grünen in bezug auf ihre Entscheidung, diesen Krieg mitzuverantworten. Jutta Ditfurth sah von den Wurzeln der Grünen, der Öko- und Friedensbewegung aus der Konsequenz des Wunsches an der Macht teilhaben zu wollen, kaum mehr Spuren. Für Angelika Beer, die den Nato-Angriffskrieg unterstützte, befanden sich die Grünen in einem Dilemma, bestrebt, diplomatische, politische Lösungen zu finden, sie hielt die Vorstellung, mit Milosevic an einem Tisch zu sitzen für kaum erträglich.

In der innenpolitischen Debatte wurden primär die Forderung, Asyl nach frauenspezifischen Gesichtspunkten zu gewähren, Vergewaltigung und Massenvergewaltigung als Kriegssystematik zu betrachten, die Legitimität der ‚Pille danach' und Abtreibung infolge von Vergewaltigung sowie geeignete Hilfsmaßnahmen Themen der Frauenkriegsberichterstattung, wobei die Diskussion ausschließlich anhand von Kosov@-Albanerinnen als Opfer von Gewalt durch die serbische Seite geführt wurde. Die veröffentlichte innenpolitische Diskussion wurde von Brigitte Hornyik und Elfriede Hammerl (in ihrer Funktion für das Liberales Forum), Ursula Stenzel, Europaparlamentarierin, Barbara Prammer, Frauenministerin, sowie Andrea Kuntzl, SPÖ-Bundesfrauensekretärin getragen. Ursula Stenzels Befürwortung des Nato-Angriffskrieges wurde auch im Rahmen der Nato- / Neutralitätsdebatte skizziert. Die Akteurinnen sprachen sich für die Anerkennung von Vergewaltigung als Kriegsverbrechen und entsprechender Verankerung im Fremdenrecht im EU-Raum aus – die Haltung von Vertretern der katholischen Kirche war massiver Kritikpunkt – sowie für den Einsatz der ‚Pille danach' für vergewaltigte Kosov@-Albanerinnen, inmitten des EU-Wahlkampfes wurde die innenpolitische Auseinandersetzung vom Diskurs um das Wertesystem der katholischen Kirche getragen.

8.3.2. Anti-Kriegs-Akteurinnen

Eingang in die Frauenkriegsberichterstattung fand ein Aufruf an deutsche und serbische Mütter gegen den Krieg, verfasst von Ilina Rothe, Mutter eines Berufssoldaten. Thematisiert wurde die Angst der Mutter um den Sohn und das Handeln aus persönlicher Betroffenheit, die Sichtweise der Mutter, einerseits keine Gegnerin der verantwortlichen Politik zu sein und andererseits die Aussage, keine Söhne für den Krieg geboren zu haben.

8.3.3. Militärische Akteurinnen

Gwen Schallow, Kampffliegerin bei der US-Air Force und Verity Orell-Jones, britische Armee, Entminung waren die thematisierten militärischen Akteurinnen, bei Gwen Schallow wurde ihre Unerschrockenheit als Charaktermerkmal hervorgehoben, beide Frauen wurden als Elitesoldatinnen in ranghohen, anerkannten Positionen mit qualifizierter Ausbildung dargestellt. Die Besonderheit, Frau in der Armee zu sein, wurde bei Gwen Schallow formuliert, einerseits bezogen auf ihre Situation als Frau, andererseits wurde die Besonderheit, als erste Frau den Kampfhubschrauber Apache zu navigieren hervorgehoben, wobei der Zugang der Soldatin zum Hubschrauber als eine Liebeserklärung bezeichnet wurde.

8.3.4. Journalistische Akteurinnen

Stacy Sullivan, Judith Brandner und Barbara Coudenhove-Kalergi wurden in der Frauenkriegsberichterstattung als Expertinnen ihres Gebietes hervorgehoben. Barbara Coudenhove-Kalergi äußerte sich zur Rolle der Intellektuellen im Krieg und stellte die ethische Dimension in den Vordergrund, Judith Brandner wurde mit dem Concoria-Preis für publizistische Leistungen für Menschenrechte ausgezeichnet und verwies darauf, dass mit der Bombardierung von Medieneinrichtungen auch das Grundrecht auf freie Meinungsäußerung negiert wurde, es zudem zynisch ist, einen Krieg für Menschenrechte zu führen. Stacy Sullivans Schilderung hingegen versuchte die serbische Seite zu entmenschlichen, war geprägt von Greuelberichterstattung und der Charakterisierung des ‚serbischen Volkes' als von seiner Mentalität her kriegsverantwortlich, sie entwarf ein Bild der Serbinnen als ‚willige Vollstrecker Milosevics'. Interessanterweise schilderte die US-Journalistin ihre Reise nach Kamenica 1996 um die Kriegssituation 1999 einschätzen zu können.

8.3.5. Akteurinnen im Kulturbereich

Biljana Srbljanovic, Cora Stephan, Elfriede Jelinek und Marie Colbin standen für die Diskussion im Kulturbereich, Biljana Srbljanovic, erfolgreiche Belgrader Dramatikerin, Autorin und Lektorin an der Belgrader Universität beschloß während des Krieges in Belgrad zu bleiben und verfasste ein öffentliches Tagebuch zu den Kriegsereignissen, vom Belgrader Regime wurde sie als Vaterlandsverräterin gebrandmarkt. Sie schilderte die Auswirkungen des Nato-Angriffskrieges: Verlust der Arbeit, Beendigung der Bewegungs- und Meinungsfreiheit, die Schwierigkeit der Nahrungsmittelbeschaffung, die Angst der Menschen, demokratische Strukturen wurden zerstört anstatt ihren Aufbau zu unterstützen. Das Bild der Medien von Serbien schilderte sie als Bild von blutrünstigen Wilden, von Kriegsexotik und Sensationen, von Blut und Massakern und von Kälte der Information geprägt. Von JournalistInnen fühlte sie sich in die Enge getrieben. Cora Stephan, freie Autorin, reflektierte den Zusammenhang von Krieg und Moral und resümierte, dass Krieg selten moralische Gewißheit biete, letzlich ein ‚schmutziges Geschäft' bleibe, der moralische Überbau, der den Krieg legitimieren soll, Raum für berechtigte Zweifel nehme. Elfriede Jelinek reflektierte ihre Empfindungen und Einschätzung zum Krieg, sie sah eine mögliche Lösung in der Schaffung eines Protektorats. Marie Colbin erweiterte den Diskurs um Peter Handke, erhob in Form eines öffentlichen Briefes gegen ihren ehemaligen Lebensgefährten Peter Handke schwere Vorwürfe, die neben Kritik gegen die Person und Schilderung selbsterlebter Gewalterfahrung der Diktion der Gleichsetzung des Belgrader Regimes mit dem Faschismus entsprachen.

8.3.6. wissenschaftliche Akteurinnen

Sonja Puntscher-Riekmann, Politikwissenschafterin, beurteilte den Krieg im Kontext mit der möglichen Gefahr eines neuen Kalten Krieges der Großmächte, reflektierte über das Bestreben der Nato als bestimmende Kraft der ‚neuen Weltordnung'. und die ‚fatalen Konsequenzen', die im System des rhetorischen Krieges die Gleichsetzung nationalsozialistischer mit serbischen Greuel nach sich zieht, bei Aufzeigen der Doppelmoral und Differenzierung in gute und schlechte Nationalismen der Akteure Südosteuropas.

8.3.7. Helferinnen

Frauen als Helferinnen, die das Kriegsleid lindern, wurden in unterschiedlichen Rollen und Funktionen beschrieben. In der Rolle der sich selbstaufgebenden Frau wurde die ehrenamtlich tätige Flüchtlingshelferin Brigitte Tagwerker präsentiert, die ihren persönlichen Lebensstandard minimierte, um Kosov@-AlbanerInnen zu helfen, aus Privatinitiative und dem Selbstbild heraus, der ‚Schutzengel der Vertriebenen' zu sein. Auf Seiten der offiziellen Unterstützung wurden Heide-Marie Fenzel und Anna Matzka-Dojder vorgestellt Heide-Marie Fenzel, Leiterin der Integrationsabteilung des Innenministeriums und Geschäftsführerin des Integrationsbeirats, hatte bereits die Bosnien-Hilfe koordiniert und koordinierte die Kosov@-Hilfe in Österreich. Die Krankenschwester Anna Matzka-Dojder begleitete die ersten vertriebenen Menschen nach Österreich, im Tenor der Berichterstattung repräsentieren die Helferinnen die Betonung der humanitären Leistungen Österreichs. Seline Janisch, Monika Hauser und die Frauenorganisation Medica Kosova hingegen standen für die Hilfeleistung ‚vor Ort'. Seline Janisch, Gynäkologin, war im ‚Österreich-Camp' tätig, sie beschrieb die Dankbarkeit der geflohenen Menschen, ihre Arbeit und ihre Dankbarkeit für diese Erfahrung und die Veränderung ihrer Wertorientierung. Monika Hauser, Gynäkologin und Begründerin von Medica Mondiale 1993 beschrieb als Problembereiche, dass Hilfsorganisationen oft unkoordiniert arbeiten und dass Medien Frauen bedrängten, über ihre Erlebnisse zu berichten und sie noch geschockter zurückließen. Seline Janisch beschrieb das patriarchale Gefüge, in dem Kosov@-Albanerinnen leben, beschrieb die Frauen als Menschen ohne Rechte, deren Männer selbst über ihr Leben entscheiden können. Über sexuelle Gewalterfahrungen zu sprechen war ein großes Tabu, eine Schande für die Frau, die Familie und Gesellschaft. Monika Hauser beschrieb die Hilfsmaßnahmen für die traumatisierten Frauen, die auf verschiedenen Ebenen Opfer sexualisierter Gewalt geworden sind. Medica Kosova ging in der Beschreibung der Arbeit auf das Problem des Zugangs zu den Frauen ein, da die Entscheidung, ob Frauen Hilfe annehmen konnten, bei den Männern lag, der erste Zugang zu den Frauen ergab sich durch materielle Unterstützung, nach der Erfahrung von Medica Kosova fehlten, da Männer die Hilfspakete zusammengestellt hatten, dringend benötigte Artikel für Frauen. Medica Kosova hielt es für unseriös, in bezug auf Vergewaltigung von systematisch oder massenhaft zu sprechen.

8.3.8. Opferberichterstattung

Frauen wurden auf den unterschiedlichsten Ebenen Opfer von Gewalt. Die Opferberichterstattung thematisierte die Ausgabe der ‚Pille danach' für vergewaltigte Kosov@-Albanerinnen, Massenvergewaltigung im Rahmen der Greuelberichterstattung, Frauen im Rahmen des Mutter-Kind-Themas rund um den Muttertag, die Situation der Frauen in Lagern und Frauenhandel. Auch die Verknüpfung Hitler/Milosevic wurde anhand der Schilderung einer betroffenen Frau medial aufgearbeitet. Die 20jährige Teuta Spahiu hatte ihre Erlebnisse, die Ermordung ihres Vaters, den Überfall serbischer Einheiten in ihr Dorf und ihre Flucht in Form eines Tagebuches niedergeschrieben. In der medialen Auseinandersetzung um die ‚Pille danach' positionierten sich die UNO, Medica, sowie einzelne Vertreter der katholischen Kirche befürwortend, die ablehnende Haltung präsentierten Vertreter der katholischen Kirche im Konsens mit der offiziellen Haltung des Vatikans, im Bosnien-Krieg hatte der Vatikan seinen finanziellen Beitrag für das UNO-Kinderhilfswerk UNICEF gestrichen, ohne diese Entscheidung je zu revidieren. In der medialen Auseinandersetzung wurde die offizielle Kirchenhaltung repräsentiert durch Krenn, Laun, Sgreccia einmütig kritisiert, als Erschütterung der moralischen Funktion, als Vertrauens- und Glaubwürdigkeitsverlust bis zum Hinweis auf die Option des Kirchenaustritts. Die Opfer, als Gegenstand dieser Diskussion waren Kosov@-Albanerinnen, wobei Vergewaltigung im Kontext systematischer zynischer serbischer Kriegsführung diskutiert wurde. Betroffene Frauen kamen in dieser Diskussion nicht vor. Die Rolle bzw. Verantwortung der Täter wurde nur von Elfriede Hammerl hinterfragt. Im Vordergrund wurde primär diskutiert, unter welchen Bedingungen und auf welche Art und Weise Hilfe gewährt werden soll. Frauen wurden gemäß der Kriegslogik als Argumentations- und Legitimationsbasis mißbraucht.

Massenvergewaltigung war fester Bestandteil der Greuelberichterstattung. Nach Ansicht der kriegsführenden Parteien, insbesonders der USA und des britischen Außenministers Cook, gab es keinen Grund an der Wahrheit der Greuelberichte zu zweifeln, Greuel die die gegnerische Kriegspartei Serbien bekanntlich schon in Bosnien verübt hat, es schien in dieser Doktrin als sei Vergewaltigung als Kriegsstrategie eine Erfindung des serbischen Regimes. Kosov@-albanische Mütter wurden rund um den Muttertag Thema der Kriegsberichterstattung: der Muttertag, dessen Geschenk Überleben heißt, die Kinder, die traumatisierende Bedingungen erfahren, die Belastung der ungewissen Zukunft wurden geschildert, nur am Rande wurde die Funktion und Rolle der Mütter in einer streng patriarchalen Gesellschaftsstruktur im Rahmen der Opferberichterstattung thematisiert: Im Rahmen der Schilderung der Situation der Menschen in den Camps wurde die Angst eines Mannes skizziert, der in Unwissenheit um ihren Aufenthaltsort um seine schwangere Ehefrau bangte, dessen Ehre und jene seiner Familie jedoch zerstört sei, sollte seine Ehefrau Opfer einer Vergewaltigung geworden sein, und es daher für besser befinden würde, sie wäre in diesem Fall tot. Weiters fand das Thema Frauenhandel Eingang in die Medienberichterstattung. Schließlich rundete die Schilderung von Maria Rosa Romegialli, deren Mutter Mitglied einer Partisanengruppe gewesen ist, in unterschiedliche Konzentrationslager deportiert und von einem deutschen Soldaten vergewaltigt wurde, die Opferberichterstattung in der Doktrin der Vergleichbarkeit des serbischen Regimes mit dem Nationalsozialismus ab, der Vergleich ergab sich über das Bild voller Züge und die Dimension des Schmerzes.

9. Zusammenfassung und Ausblick

Kriegsberichterstattung ist männliche Berichterstattung, die mediale Repräsentanz von Frauen wird marginalisiert und zudem auf bestimmte Themen reduziert, ungeachtet dessen, dass die US-Außenministerin Madeleine Albright unmittelbar kriegsverantwortlich war. Somit kann die Ausgangshypothese, dass Kriege patriarchale Systeme verstärken, bestätigt werden. Bezugnehmend auf die Differenzierung der Kategorie Geschlecht, die Elisabeth Klaus getroffen hat, weist Geschlecht auf der Ebene der Klassifikation Frauen in der Kriegsberichterstattung eine minderwertige Position zu, nicht nur in der Quantität, sondern auch in der Themenbesetzung, die die kriegsentscheidenden Prozesse weitgehend unberücksichtigt lässt. Geschlecht als Strukturkategorie verweist in der Frauenkriegsberichterstattung darauf, Frauen als Argumentationshilfe und Legitimationsunterstützung darzustellen, Frauen, die sich gegen den Krieg wandten, wurden in klassischen Rollen präsentiert. Nach dem Modell von Astrid Albrecht-Heide, die die Zuarbeit von Frauen zum Krieg in verschiedene Ebenen differenzierte, symbolisierte die Frauenkriegsberichterstattung Frauen auf allen Ebenen der weiblichen Kriegunterstützung: für Gewaltassistenz und Gewalttäterinnenschaft standen die politischen und militärischen Akteurinnen, die Helferinnen standen für die eindeutige Definition der Opferseite in diesem Krieg, in der Opferberichterstattung wurde die Ebene des Verteidigungsmotivs fundiert. Die Feststellung von Ruth Seifert, wonach nach Kriegen männliche und nicht weibliche Kriegserfahrung in das kulturelle Gedächtnis aufgenommen wird, knüpft an die Dimension der Kategorie Geschlecht als Ideologie, die Denkprozesse strukturiert, an. Sofern Kriegsberichterstattung Frauenberichterstattung ist, werden die harten politischen Fakten weitgehend ausgeklammert, die US-Außenministerin wurde stellvertretend für das Wertesystem der USA bzw. die ‚westliche Wertegemeinschaft' symbolisiert, in privaten, persönlichen Bezügen präsentiert, sowie ausführlicher zur Legitimation der Kriegsziele und Folgestrategien, kaum zu Themen wie Kriegsstrategie, Wirkung, Effizienz, Einsatzplanung und Begründung der Kriegseinsätze in der Phase der intensiven Bombardements, die Macht Mira Markovics wurde neben ihrer politischen und wirtschaftlichen Position über ihre Rolle als Ehefrau definiert, der Weg der oppositionellen Politikerin Vesna Pesic wurde u.a. über private Bezüge definiert. Im Diskurs in bezug auf die Menschenrechtsfragen untermauerte Louise Arbour mit der primären Verurteilung serbischer Täter das Täter-Bild des Konfliktes, während die UN-Menschenrechtskommissarin für die Kritik der UNO am Vorgehen der Nato stand, dies mag als Symbol der insgesamt geschwächten Haltung der Vereinten Nationen gelten. Die innenpolitische Diskussion war getragen von der Auseinandersetzung mit dem Themenkomplex der sexuellen Gewalt gegen Kosov@-Albanerinnen, sie stellte die Legitimation des Krieges nicht in Frage, im Gegenteil, angesichts dessen, dass in jedem Krieg Frauen aller beteiligten kriegsführenden Parteien

Opfer sexueller Gewalt werden, wurde durch die einseitige Betonung von Opfern bzw. Verurteilung der Täterseite insgesamt die Legitimationsbasis für den Krieg untermauert. Über Aktivitäten und politische Auseinandersetzungen, die sich gegen den Krieg wandten, wurde kaum berichtet, als Anti-Kriegs-Akteurin fand die Mutter eines Berufssoldaten Eingang, die damit für das traditionelle Engagement von Müttern gegen den Krieg stand. Auf militärischer Seite wurden zwei Soldatinnen vorgestellt, die das Bild der Soldatin als Elite-Soldatin repräsentierten, die einerseits für hohe Professionalität standen, andererseits wurde die Außergewöhnlichkeit dessen betont. Im journalistischen Diskurs standen ethische Fragen und die kritische Reflexion von Menschenrechtsfragen im Vordergrund. Die Reportage einer US-amerikanischen Journalistin diente in ihrer Verurteilung der serbischen Bevölkerung der Untermauerung der Kriegslegitimation. Im Rahmen des kulturellen und wissenschaftlichen Diskurses stellten die Reflexion der Politikwissenschafterin Sonja Puntscher-Riekmann, die sich kritisch mit der Gleichsetzung nationalsozialistischer und serbischer Greuel auseinandersetzte, Schilderungen der Belgrader Schriftstellerin Biljana Srbljanovic, die sich von der westlichen Sichtweise des Krieges distanzierte, der Autorin Cora Stephan, die die Legitimationsdoktrin in Frage stellte sowie von Elfriede Jelinek, die die Frage nach der Sinnhaftigkeit von Gewalt in den Mittelpunkt stellte, die kritischen weiblichen Stimmen gegen den Krieg dar, während Marie Colbin, die den Diskurs um Peter Handke erweiterte, die Kriegslegitimation fundierte. Im Gegensatz zu dieser differenzierten medialen Diskussion wurden im Bereich der Darstellung von Akteurinnen in helfenden Rollen nur jene präsentiert, die sich ausschließlich mit dem Leid von Kosov@-Albanerinnen auseinandersetzten, wobei die helfenden Frauen bzw. Frauengruppen die patriarchale Gesellschaftsstruktur der kosov@-albanischen Bevölkerung thematisierten. Die Opferberichterstattung schuf ein eindeutiges Täter/Opfer-Bild und fundierte die Kriegslegitimation der Nato. Greuel, Massaker, Massenvergewaltigung, Zwangsprostitution und das Mutter-Kind-Thema dominierten die Berichterstattung.

Nach Beendigung des Krieges, der keineswegs zu einer Lösung des Konflikts geführt hatte, ist das Thema Kosov@ rasch wieder aus der Medienberichterstattung verschwunden, die Auswirkungen des Kriegsleides und die Folgeschäden erfuhren geringes mediales Echo, erst mit eindeutigen Resultaten zur DU-Munition und der Eskalation der Situation um Mazedonien, wobei diesmal die vormals heroisch präsentierte UCK negativ konntiert wurde, rückte die Situation in Südosteuropa wieder in den Blickpunkt. Die Möglichkeit, sich für gewaltfreie Konfliktlösungsmechanismen zu entscheiden, erfordert ein grundlegendes Umdenken. Ekkehart Krippendorff schlägt vor, die Fragen der Bedrohungen durch die Frage zu ersetzen, worunter Menschen leiden, worin die Probleme liegen, die Menschen wirklich bedrücken, die Empathie herausfordern. Johan Galtung fordert, dass wir tätig werden müssen, um Zustände direkten und strukturellen Friedens zu verwirklichen. Medien tragen Verantwortung, indem sie

Kriege kommunikativ vorbereiten, und indem Gewalt als notwendiges Mittel der Konfliktlösung dargestellt wird. Medien tragen Verantwortung für das Schaffen von Legitimation von Krieg und, sofern er in geschlechtsspezifischen Kontext reflektiert wird, für die Rollenzuschreibungen, die patriarchal strukturierte Gesellschaftssysteme in Kriegssituationen, die die gesellschaftliche Positionierung von Frauen deutlicher offen legen als in Zeiten negativen Friedens, für Frauen bereithalten. „Das Umschreiben von Geschlechterkonstruktionen in den Medien und anderswo kann ein erster Schritt ... zu einer Entmilitarisierung der Gesellschaft sein. ... Der Militarisierung als sozialem Prozeß kann im Bereich der Medien entgegengewirkt werden, wenn alternative Geschlechterkonstruktionen nicht länger marginalisiert ... trivialisiert und lächerlich gemacht werden." (Pater, Monika: 1993, 108) Kommunikations- als Friedenswissenschaft könnte dazu dienen, jene Bedingungen zu definieren und zu formulieren, die die Basis für die Möglichkeit von Friedensberichterstattung schaffen.

Literaturverzeichnis

ALBRECHT-HEIDE, Astrid: Frauen, Militär und die Zukunft der Armeen. In: Dialog. Beiträge zur Friedensforschung: Die Zukunft der Armeen? Beiträge zur 7. Internationalen Sommerakademie Juli 1990 auf Burg Schlaining. Bd. 19, Heft 3 & 4/1990, VWG-Verlag, 36-54

ALTVATER, Elmar: Was treibt die Nato zu ihrer Politik? In: FRIEDENSFORUM. Hefte zur Friedensarbeit. 4-5/September 1999, 26

ALTMEPPEN, Klaus-Dieter: Helden in Cyberspace. Journalismus im elektronischen Krieg. In: Hg.: LÖFFELHOLZ, Martin: Krieg als Medienereignis. Grundlagen und Perspektiven der Krisenkommunikation. Westdeutscher Verlag GmbH, Opladen 1993, 211-228

APA-JOURNAL, 14.4.99

BARRETT, Frank J.: Die Konstruktion hegemonialer Männlichkeit in Organisationen: Das Beispiel der US-Marine. In: EIFLER, Christine/SEIFERT, Ruth (Hg): Soziale Konstruktionen Militär und Geschlechterverhältnis. Westfälisches Dampfboot, 1999, 71-93

BEAUVOIR DE, Simone: Das andere Geschlecht. Sitte und Sexus der Frau. Rowohlt Taschenbuch Verlag GmbH, Reinbeck bei Hamburg, Neuübersetzung 1992

BEHAM, Mira: Kriegstrommeln. Medien, Krieg und Politik. dtv 1996

BLUM, Roger: Kanonenschüsse, Hetztiraden und Schalmeienklänge. Vom kriegerischen zum zivilen Missbrauch der Massenmedien. In: IMHOF, Kurt/SCHULZ, Peter: Hg.: Medien und Krieg – Krieg in den Medien. Akademie Kulturwissenschaften. Bd. 1, Seismo Verlag 1995, 137-151

CHOSSUDOVSKY, Michel: Die ökonomische Rationalität hinter der Zerschlagung Jugoslawiens. In: Hg.: HOFBAUER, Hannes: Balkankrieg. Die Zerstörung Jugoslawiens. Promedia, Wien 1999, 223-250

CNOSSEN, Christine: Frauen in Kampftruppen: Ein Beispiel für ‚Tokenisierung'. In: EIFLER, Christine/SEIFERT, Ruth (Hg): Soziale Konstruktionen Militär und Geschlechterverhältnis. Westfälisches Dampfboot, 1999, 232-247

DOBUSCH, Gabi: Frauenbilder im Wandel – Chance für die Militärs? In: antimilitarismus information. Jg. XVII Heft 8/1987, Quorum Druck- und Verlags GmbH Berlin, 144-150

DOMINIKOWSKI, Thomas: ‚Massen'medien und ‚Massen'krieg. Historische Annäherungen an eine unfriedliche Symbiose. In: Hg.: LÖFFELHOLZ, Martin: Krieg als Medienereignis. Grundlagen und Perspektiven der Krisenkommunikation. Westdeutscher Verlag GmbH, Opladen 1993, 33-49

ECO, Umberto: Vier moralische Schriften. Deutscher Taschenbuch Verlag GmbH & Co.KG, München 1999

EIFLER, Christine: Nachkrieg und weibliche Verletzbarkeit. Zur Rolle von Kriegen für die Konstruktion von Geschlecht. In: EIFLER, Christine/SEIFERT, Ruth (Hg): Soziale

Konstruktionen Militär und Geschlechterverhältnis. Westfälisches Dampfboot, 1999, 155-186

EIFLER, Christine/SEIFERT, Ruth (Hg): Soziale Konstruktionen Militär und Geschlechterverhältnis. Westfälisches Dampfboot, 1999

ENLOE, Cynthia: Die Konstruktion der amerikanischen Soldatin als ‚Staatsbürgerin erster Klasse'. In: EIFLER, Christine/SEIFERT, Ruth (Hg): Soziale Konstruktionen Militär und Geschlechterverhältnis. Westfälisches Dampfboot, 1999, 248-264

FABRIS, Hans-Heinz: Kriegs- oder Friedenswissenschaft? Zu den unterschiedlichen Traditionen der Kommunikationsforschung. In: Medien Journal. Medien im Krieg. Zeitschrift für Kommunikationskultur. Hg.: Österreichische Gesellschaft für Kommunikationsfragen 1/1991, 43-48

FALTER, 24/99

FISCHER, Gero: Die Jugoslawisierung einer Region. Vom Königreich SHS bis zum Selbstverwaltungssozialismus (1918-1991) In: Hg.: HOFBAUER, Hannes: Balkankrieg. Die Zerstörung Jugoslawiens. Promedia, Wien 1999, 26-47

FORMAT, Nr. 23, 7.6.99

FORMAT, Nr. 15, 12.4.99

FORMAT, Nr. 19, 10.5.99

FRANK, Andre Gunder: Die politische Bombe der NATO im Kosovo. In: Hg.: HOFBAUER, Hannes: Balkankrieg. Die Zerstörung Jugoslawiens. Promedia, Wien 1999, 251-262

FROMM, Erich: Über den Ungehorsam. Deutscher Taschenbuch Verlag GmbH & Co.KG, München, 1985

GALTUNG, Johan: Die Zukunft der Armeen? In: Dialog. Beiträge zur Friedensforschung: Die Zukunft der Armeen? Beiträge zur 7. Internationalen Sommerakademie Juli 1990 auf Burg Schlaining. Bd. 19, Heft 3&4/1990, VWG-Verlag, 15-29

GALTUNG, Johan: Frieden mit friedlichen Mitteln. Friede und Konflikt, Entwicklung und Kultur. Opladen, 1998

GEIER, Wolfgang: Antemurale Christianitatis: Kreuzzug auf dem Balkan. Die Rolle der Religionen. In: Hg.: HOFBAUER, Hannes: Balkankrieg. Die Zerstörung Jugoslawiens. Promedia, Wien 1999, 197-222

GEISTLINGER, Michael: Bomben auf das Völkerrecht. In: ZOOM. Zeitschrift für Politik und Kultur, 2/99, 5

GRABNER, Kerstin/SPRUNG, Annette: Krieg und Vergewaltigung. In: HEY, Barbara/ HUBER, Cecile/SCHMIDLECHNER, Karin: Krieg, Geschlecht und Gewalt. Hg.: Koordinationsstelle für Frauenforschung und Frauenstudien. Leykam Buchverlags GmbH, 1999, 161-177

HEIDEGGER, Klaus/STEYRER, Peter: NATO-Streit in Österreich. Handbuch zur Neutralität und Sicherheitspolitik. Druck- und Verlagshaus Thaur GmbH, Thaur-Wien-München, 1997

HOFBAUER, Hannes: Balkankrieg. Die Zerstörung Jugoslawiens. Promedia, Wien 1999

IMHOF, Karl: Kriegskommunikation im sozialen Wandel. In: IMHOF, Kurt/SCHULZ, Peter: Hg.: Medien und Krieg – Krieg in den Medien. Akademie Kulturwissenschaften. Bd. 1, Seismo Verlag 1995, 123-137

IMHOF, Kurt/SCHULZ, Peter: Hg.: Medien und Krieg – Krieg in den Medien. Akademie Kulturwissenschaften. Bd. 1, Seismo Verlag 1995

ITEN, Andreas: Medien und Krieg – Krieg in den Medien. Die Sprache bereitet den Krieg vor. In: IMHOF, Kurt/SCHULZ, Peter: Hg.: Medien und Krieg – Krieg in den Medien. Akademie Kulturwissenschaften. Bd. 1, Seismo Verlag 1995, 13-19

KASER, Karl: Vom Amselfeld bis zur Staatswerdung. Wirtschaft, Politik und soziale Strukturen an der südosteuropäischen Peripherie (1389-1918) In: Hg.: HOFBAUER, Hannes: Balkankrieg. Die Zerstörung Jugoslawiens. Promedia, Wien 1999, 9-26

KATSCHNIG-FASCH, Elisabeth: Zur Genese der Gewalt der Helden. Gedanken zur Wirksamkeit symbolischer Geschlechterkonstruktionen. In: HEY, Barbara/HUBER, Cecile/SCHMIDLECHNER, Karin: Krieg, Geschlecht und Gewalt. Hg.: Koordinationsstelle für Frauenforschung und Frauenstudien. Leykam BuchverlagsGmbH, 1999, 64-78

KLAUS, Elisabeth: Kommunikationswissenschaftliche Geschlechterforschung. Zur Bedeutung der Frauen in den Massenmedien und im Journalismus. Westdeutscher Verlag Opladen/Wiesbaden 1998

KNEUBÜHLER, Hans-Ulrich: Vietnam und die Krise des Kalten Krieges. In: IMHOF, Kurt/SCHULZ, Peter: Hg.: Medien und Krieg – Krieg in den Medien. Akademie Kulturwissenschaften. Bd. 1, Seismo Verlag 1995, 73-85

KREMLER, Marion: Censorship from the sky. Diskussion zur Situation der unabhängigen Medien in Jugoslawien. In: Context XXI, 1-2/99, 7-8

KRIPPENDORFF, Ekkehart: Staat und Krieg. Die historische Logik politischer Unvernunft. Suhrkamp Verlag Frankfurt am Main, 1985

KRIPPENDORFF, Ekkehart: Militär und Geschlecht. Haben wir genügend Erkenntnisarbeit geleistet? In: Dialog. Beiträge zur Friedensforschung. Militär und Geschlecht. Band 13 Heft 4/1988, VWGÖ-Verlag, 7-22

KRIPPENDORFF, Ekkehart: Die Zukunft des Militärs: Sinnkrise oder Strukturproblem? In: Dialog. Beiträge zur Friedensforschung: Die Zukunft der Armeen? Beiträge zur 7. Internationalen Sommerakademie Juli 1990 auf Burg Schlaining, Bd. 19, Heft 3 & 4/1990, VWG-Verlag, 178-186

KUNCZIK, Michael: Kriegsberichterstattung und Öffentlichkeitsarbeit in Kriegszeiten. In: IMHOF, Kurt/SCHULZ, Peter: Hg.: Medien und Krieg – Krieg in den Medien. Akademie Kulturwissenschaften. Bd. 1, Seismo Verlag 1995, 85-105

LAMNEK, Siegfried: Qualitative Sozialforschung Band 1. Methodologie. Beltz Psychologie Verlags Union, Weinheim 1993

LAMNEK, Siegfried: Qualitative Sozialforschung Band 2. Methoden und Techniken. Beltz Psychologie Verlags Union, Weinheim 1995

LERNER, Gerda: Die Entstehung des Patriarchat. Campus-Verlag, Frankfurt/Main, 1991

LÖFFELHOLZ, Martin: Beobachtung ohne Reflexion? Strukturen und Konzepte der Selbstbeobachtung des modernen Krisenjournalismus. In: IMHOF, Kurt/SCHULZ, Peter: Hg.: Medien und Krieg – Krieg in den Medien. Akademie Kulturwissenschaften. Bd. 1, Seismo Verlag 1995, 8171-193

LÖFFELHOLZ, Martin: Krisenkommunikation. Probleme, Konzepte, Perspektiven. In: Hg.: LÖFFELHOLZ, Martin: Krieg als Medienereignis. Grundlagen und Perspektiven der Krisenkommunikation. Westdeutscher Verlag GmbH, Opladen 1993, 11-33

LUTZ, Dieter: Die mächtigste Allianz der Welt – ein Sündenfall. In: FRIEDENSFORUM. Hefte zur Friedensarbeit, 2-3/Juni 1999, 11-13

MADER, Gerald: Eine vorläufige Bilanz über einen Krieg, der vermeidbar gewesen war. In: FRIEDENSFORUM. Hefte zur Friedensarbeit, 2-3/Juni 99, 3-8

MARCHAL, Guy P.: Medium! Wider die Virtualisierung der Welt. In: IMHOF, Kurt/SCHULZ, Peter: Hg.: Medien und Krieg – Krieg in den Medien. Akademie Kulturwissenschaften. Bd. 1, Seismo Verlag 1995, 105-111

MAYRING, Philipp: Qualitative Inhaltsanalyse. Grundlagen und Techniken. Weinheim: Deutscher Studien Verlag, 1988

MÜNK, Hans J.: Ethische Kriterien medialer Kriegslegitimation. In: IMHOF, Kurt/SCHULZ, Peter: Hg.: Medien und Krieg – Krieg in den Medien. Akademie Kulturwissenschaften. Bd. 1, Seismo Verlag 1995, 157-163

MEISSNER, Klaus-Peter: Veränderung der Bedrohung – eine ‚Bedrohung' für die Armeen? In: Dialog. Beiträge zur Friedensforschung: Die Zukunft der Armeen? Beiträge zur 7. Internationalen Sommerakademie Juli 1990 auf Burg Schlaining, Bd. 19, Heft 3 & 4/1990, VWG-Verlag, 58-67

ÖMZ. Österreichische Militärische Zeitschrift. XXXVII Jg. Heft 4, Juli/August 1999

PATER, Monika: Die militarisierte Männlichkeit. Geschlechterverhältnisse – Medien – Krieg. In: Hg.: LÖFFELHOLZ, Martin: Krieg als Medienereignis. Grundlagen und Perspektiven der Krisenkommunikation. Westdeutscher Verlag GmbH, Opladen 1993, 97-108

ROTH, Roswitha: Psychologische Strategien der Gewalt. In: HEY, Barbara/HUBER, Cecile/SCHMIDLECHNER, Karin: Krieg, Geschlecht und Gewalt. Hg.: Koordinationsstelle für Frauenforschung und Frauenstudien. Leykam BuchverlagsGmbH, 1999, 177-189

RUHRMANN, Georg: Ist Akaualität noch aktuell? Journalistische Selektivität und ihre Folgen. In: Hg.: LÖFFELHOLZ, Martin: Krieg als Medienereignis. Grundlagen und Perspektiven der Krisenkommunikation. Westdeutscher Verlag GmbH, Opladen 1993, 81-96

SALZBURGER NACHRICHTEN, 30.3.99

SALZBURGER NACHRICHTEN, 20.5.99

SATRE, Jean-Paul: Krieg im Frieden 2. Reden, Polemiken, Stellungnahmen 1952-1956. Rowohlt Taschenbuch Verlag GmbH, Reinbek bei Hamburg, 1982

SEIFERT, Ruth: Militär und Geschlechterverhältnisse. Entwicklungslinien einer ambivalenten Debatte. In: EIFLER, Christine/SEIFERT, Ruth (Hg): Soziale Konstruktionen Militär und Geschlechterverhältnis. Westfälisches Dampfboot, 1999, 44-70

SHATAN, F. Chaim: Armeen und Feinde: Gespaltenes Bewußtsein und Krieg. In: Dialog. Beiträge zur Friedensforschung: Die Zukunft der Armeen? Beiträge zur 7. Internationalen Sommerakademie Juli 1990 auf Burg Schlaining, Bd. 19, Heft 3 & 4/1990, VWG-Verlag, 121-144

SCHMÖLZER, Hilde: Der Krieg ist männlich. Ist der Friede weiblich? Verlag für Gesellschaftskritik 1996

SPAEMANN, Wolfgang: Wie der Krieg die Begriffe verwirrt. In: FRIEDENSFORUM. Hefte zur Friedensarbeit, 2-3/Juni 1999, 24-26

SPECTRUM, 8.5.99

STEINMAURER, Thomas: ‚The Medium is the Missile'. Medien – Collage/Kriegs-Bild: Eine Dokumentation. In: Medien Journal. Medien im Krieg. Zeitschrift für Kommunikationskultur. Hg.: Österreichische Gesellschaft für Kommunikationsfragen 1/1991, 30-34

STENGER, Michael: Kosovo – Kosova. Fluchtursachen, Asylpraxis, Materialien zur Rückkehrgefährdung. Förderverein PRO ASYL e.V. Frankfurt/Main, 1997

stimmen zur zeit. Bulletin des Österreichischen Friedensrates, Nr. 167, August 99

THEWELEIT, Klaus: Männerphantasien 1+2. Stroemfeld Verlag, Frankfurt am Main/ Basel, 2000

VINCENT, Richard/GALTUNG, Johan: Krisenkommunikation morgen. Zehn Vorschläge für eine andere Kriegsberichterstattung. In: Hg.: LÖFFELHOLZ, Martin: Krieg als Medienereignis. Grundlagen und Perspektiven der Krisenkommunikation. Westdeutscher Verlag GmbH, Opladen 1993, 177-210

VOSS, Tobias: Zur Psyche des Kriegers. In: Dialog. Beiträge zur Friedensforschung. Militär und Geschlecht. Band 13, Heft 4/1988, VWGÖ-Verlag, 1988, 33-61

WASHIETL, Engelbert: Zurechtweisung und Zensuren. Journalistische Leistung und berufliche Zwänge. In: Medien Journal. Medien im Krieg. Zeitschrift für Kommunikationskultur. Hg.: Österreichische Gesellschaft für Kommunikationsfragen 1/1991, 49-55

WEISCHENBERG, Siegfried: Zwischen Zensur und Verantwortung. Wie Journalisten (Kriege) konstruieren. In: Hg.: LÖFFELHOLZ, Martin: Krieg als Medienereignis. Grundlagen und Perspektiven der Krisenkommunikation. Westdeutscher Verlag GmbH, Opladen 1993, 65-81

WEISCHENBERG, Siegfried: Legitimation als Gegengeschäft. Warum CNN zum Symbol journalistischer Dummheit geworden ist. In: IMHOF, Kurt/SCHULZ, Peter: Hg.: Medien und Krieg – Krieg in den Medien. Akademie Kulturwissenschaften. Bd. 1, Seismo Verlag 1995, 163-169

WOHLGEMUTH, Hildegard: Frieden: Mehr als ein Wort. Gedichte und Geschichten. Rowohlt Taschenbuch Verlag GmbH, Reinbeck bei Hamburg, 1983

YUVAL-DAVIS, Nira: Militär, Krieg und Geschlechterverhältnisse. In: EIFLER, Christine/SEIFERT, Ruth (Hg): Soziale Konstruktionen Militär und Geschlechterverhältnis. Westfälisches Dampfboot, 1999, 18-43

YUVAL-DAVIS, Nira: Front und Etappe. Die geschlechtsspezifische Arbeitsteilung in der israelischen Armee. In: EIFLER, Christine/SEIFERT, Ruth (Hg): Soziale Konstruktionen Militär und Geschlechterverhältnis. Westfälisches Dampfboot, 1999, 265-278

ZIELINSKI, Siegfried: Medien/Krieg. Ein kybernetischer Kurzschluß. In: Medien Journal. Medien im Krieg. Zeitschrift für Kommunikationskultur. Hg.: Österreichische Gesellschaft für Kommunikationsfragen 1/1991, 12-20

Lebenslauf

Ich bin am 19.09.1967 in Salzburg geboren, von 1974-1978 besuchte ich die Volksschule, von 1978-1982 die Hauptschule Hof, von 1982-1985 die Fachschule für wirtschaftliche Frauenberufe in Salzburg, danach habe ich in diversen Bereichen gearbeitet, 1987 wurde mein Sohn Alexander geboren, 1989 inskribierte ich an der Universität Salzburg, bis zum Sommersemester 1991 machte ich die Studienberechtigungsprüfung, als zweite Studienrichtung habe ich Erziehungswissenschaften mit sozialpädagogischem Schwerpunkt gewählt, 1995 wurde meine Tochter Sarah geboren, neben dem Studium habe ich neben diversen Jobs im Sozialbereich gearbeitet, seit 1999 arbeite ich in einer Tageswerkstätte der Lebenshilfe Salzburg, seit Ende der ÖH-Arbeit bin ich in der Arbeitsgemeinschaft für Wehrdienstverweigerung & Gewaltfreiheit aktiv.

GPSR Compliance
The European Union's (EU) General Product Safety Regulation (GPSR) is a set of rules that requires consumer products to be safe and our obligations to ensure this.

If you have any concerns about our products, you can contact us on

ProductSafety@springernature.com

In case Publisher is established outside the EU, the EU authorized representative is:

Springer Nature Customer Service Center GmbH
Europaplatz 3
69115 Heidelberg, Germany

www.ingramcontent.com/pod-product-compliance
Lightning Source LLC
LaVergne TN
LVHW040741250326
834688LV00031B/388